Pilar Lozano

Colombia, mi abuelo y yo

ILUSTRADO POR OLGA CUÉLLAR

Contenido

A MI HIJO JUAN SALVADOR

Agradezco a todos los que me ayudaron
a que este cuento sea algo parecido a una geografía:
Tomás Stevez, Eduardo Arias, Leonel Giraldo,
Marta Lozano, Carlos Lozano.

También quiero expresar
mi sincero agradecimiento a las personas
que me ayudaron a la recolección
de datos y a la corrección final:
María Isabel García, María Cristina Lamus,
Magdalena Arango, Sonia Borrás,
Marcela Lozano, Rocío Lozano y Rocío Silva.

Tierno y aventurero, así era mi abuelo

Mi abuelo se llamaba José. Para mostrarle mi cariño, yo le decía Papá Sesé o viejo.

Fue un hombre tierno y muy sabio. A veces también un poquito cascarrabias. Así son todos los abuelos. Pero él tenía algo especial. Era demasiado curioso y un gran aventurero.

Lo que más recuerdo de él son sus ojos. Parecían los de un niño pícaro y travieso. Siempre usaba un sombrero de corcho, tan blanco como su barba, un par de botas de caucho y un pantalón descolorido.

Mi abuelo era como un topo. Todo lo hurgaba. Pertenecía a esa clase de hombres que no se contentan con saber las cosas de oídas. Él tenía que conocerlas. Si le hablaban del barro, no descansaba hasta embadurnarse con él. Sólo así se sentía satisfecho.

Leía mucho, caminaba mucho, viajaba mucho. Todo lo estudiaba y lo observaba. En sus bolsillos siempre había una libreta en la que iba tomando notas.

En su juventud cambiaba casi a diario de oficio. Esto era común en sus tiempos. Mi abuelo contaba que recorrió valles y montañas excavando en la tierra con la idea de hallar un tesoro enterrado por los indígenas. Nunca encontró nada.

Luego, a comienzos de este siglo, cuando en el

país se empezaron a construir las carreteras, mi abuelo fue de los que se unió a los hombres que abrieron montañas para dar paso a los caminos.

Fue también comerciante, agente viajero y amigo de los arrieros. Se sentía orgulloso de conocer su país de norte a sur y de oriente a occidente. «Viajé por ríos, valles y montañas. Sólo me acompañaba una brújula: la constelación de la Cruz del Sur», decía: amaba las estrellas. La astronomía fue su última pasión.

Al morir me dejó un baúl. En él encontré un globo, un telescopio, mapas, libros, fotografías, un montón de libretas y papeles sueltos repletos de notas.

Quiero ser díscolo y soñador, como los hombres que esculcan el universo

Papá Sesé era un enamorado de las estrellas. Pasaba noches enteras acostado en el jardín contemplando el firmamento. Aún recuerdo los regaños que le daba mi abuela.

–Estás loco. ¡Te vas a resfriar! –le decía ella, pero él no le hacía caso. Seguía mirando hacia arriba y tomando notas en su viejo cuaderno.

Tiempo después supe que así como el abuelo fueron los primeros astrónomos: gastaban días y noches enteras mirando el cielo. No poseían ningún instrumento que les ayudara a descubrir los secretos del universo. No les importaban ni los regaños, ni los resfriados. Podían durar toda una vida persiguiendo los pasos de una misma estrella en la noche.

En un libro que heredé de mi abuelo leí sobre la vida de aquellos primeros hombres que esculcaron el firmamento. Me fascinó la historia de Nicolás Copérnico. En los tiempos en que todos creían que la Tierra no se movía, que estaba quieta y que alrededor de ella giraban la Luna, el Sol, y todas las estrellas y planetas, ¡el universo entero!, él insistió en afirmar que ella daba vueltas alrededor del Sol. Por decir esto lo llamaron loco y prohibieron la lectura de sus libros. A otro «esculcador», Galileo Galilei, lo acusaron de herejía por apoyar las ideas de Copérnico. Galilei construyó el primer telescopio. Con él descubrió que en la Luna había montañas y que Júpiter tenía lunas.

Yo sí creo que los estudiosos del universo tienen algo de díscolos y soñadores. Lo digo por lo que he leído y, claro, por mi abuelo. El viejo gozó como

nunca el día en que el hombre llegó a la Luna. Casi enloquece de alegría. Cuentan que nunca lo vieron tan feliz como ese día de julio de 1969.

El viejo se dedicó a comprar todas las revistas y libros que hablaban de la hazaña. No pensaba más que en la conquista del espacio. Años después toda la familia decidió regalarle un telescopio en Navidad. Desde entonces, Papá Sesé, el telescopio y yo pasamos muchas horas juntos.

Al universo lo integran millones y millones de galaxias. A las galaxias las forman millones y millones de estrellas, polvo cósmico y gases.

Ésta fue la primera lección de astronomía que aprendí. Confieso que en un comienzo no me interesó para nada el tema. Continué por un tiempo dedicado a mis juguetes de siempre. Pero un día sentí curiosidad. Ocurrió exactamente cuando vi por primera vez el cielo a través del telescopio. Tuve la sensación de estar flotando como un astronauta por el espacio. Con este aparato, los planetas y las estrellas se acercan tanto que, por un momento, me sentí capaz de tocarlos con la mano.

Por indicación de mi abuelo busqué primero la *Luna.* ¡Qué divertido! Recuerdo que me pareció como un inmenso queso, de esos que tienen agujeros muy grandes y les gustan tanto a los ratones. Luego miré a *Marte.* Es como una bola roja. Pero el más

bonito –y aún es mi preferido– fue *Saturno.* Con sus anillos de muchos colores da la impresión de ser un platillo volador.

Poco a poco, el telescopio, los libros y mi abuelo me ayudaron a entender mejor el universo. Pronto comprendí que es un espacio inmenso y oscuro por donde viajan a millones de kilómetros por hora las galaxias. Dan vueltas sobre sí mismas como si fueran remolinos.

La Tierra hace parte de una galaxia: la *Vía Láctea.* En esta galaxia habita también una estrella especial: el *Sol.* Es como una inmensa bola de fuego. Los sabios dicen que jamás podremos llegar hasta ella. Nos derretiría su calor antes de alcanzarla.

Alrededor del *Sol* se mueven nueve planetas. Sus nombres los aprendí a recitar de memoria, desde el más cercano al Sol, hasta el más lejano: *Mercurio, Venus,* la *Tierra, Marte, Júpiter, Saturno, Urano, Neptuno* y *Plutón.*

A la mayoría de ellos, los antiguos griegos y romanos los bautizaron con los nombres de sus dioses.

Mercurio, por ejemplo, es el dios del comercio, Venus la diosa del amor, Marte el de la guerra...

El *sistema solar* es como una gran familia formada por todos los planetas y satélites que giran alrededor del Sol. Él, como un benevolente padre, les reparte a todos luz y calor. Como Venus está tan cerca del Sol, recibe tanto calor que si colocáramos un soldadito de plomo en su superficie, se derretiría en muy poco tiempo. Como Plutón se halla tan lejos, su superficie es tan fría que allí los helados se harían en un instante.

Una obsesión del viejo era hacerme entender que el universo está prácticamente vacío. Esto a pesar de estar habitado por millones y millones de galaxias. Un día me sentó a su lado y me dijo algo que sonaba muy importante:

–Escucha muy bien. El Sol es tan grande que la Tierra cabría en él más de un millón de veces. Si jugamos a que el Sol es un balón de un metro de ancho, la Tierra sería como una arveja. La distancia del Sol a la Tierra es de 150 millones de kilómetros. ¡No me cabe en la imaginación esa distancia tan grande! –agregó, llevándose las manos a la cabeza. Luego añadió–: Si el Sol fuera ese balón y la Tierra la arveja, la distancia entre uno y otro sería como de una cuadra.

Así mi abuelo me fue haciendo comprender los tamaños y las distancias de todos los planetas. Cerré los ojos y traté de imaginar un sistema solar de juguete. Me fue imposible. Salí entonces con el viejo al parque del barrio, uno de esos que ocupan una manzana. Allí él me invitó a fabricar un pequeño sistema solar. En una esquina colocamos el balón.

–Éste será el Sol –dijo el abuelo.

En la otra esquina pusimos una arveja: la Tierra. Luego situamos los planetas que están entre el Sol y la Tierra: Mercurio, tan pequeñito como una cabeza de alfiler, y Venus, representado por otra arveja. En el parque ya no podíamos ubicar más planetas. ¡Sin embargo estaba vacío! No jugamos más. Para colocar a Neptuno en nuestro diminuto sistema solar nos hubiera tocado caminar muy lejos. ¡Más de cincuenta cuadras! Y Neptuno sería un pequeño limón... Sí, Papá Sesé tenía razón.

¡El universo permanece casi vacío!

Ese día –y me ocurre siempre que pienso en esto– temblé al imaginar lo fácil que es perderse en el espacio. ¡La distancia entre uno y otro objeto cósmico es tan, pero tan grande!

Para ir a la Luna, que parece tan cercana, ¡tardaríamos 16 días viajando en jet!

Pero lo que más me gustaba escuchar del abuelo eran las historias de las estrellas. La idea de que las estrellas nacen y mueren como los hombres me fascinó. Una noche soñé con ellas. Unas estrellas eran niñas, otras jóvenes, otras como mamás y otras viejitas como abuelas.

Tuve este sueño porque antes de irme a la cama él me contó que las estrellas cambian de color de acuerdo con la edad. Son azules cuando jóvenes; amarillas cuando empiezan a madurar; rojas al llegar a la vejez y, cuando están cerca de la muerte, se vuelven negras y blancas. Por fortuna se necesitan muchos siglos para que esto ocurra pues las estrellas viven millones y millones de años. ¡Hasta quince mil millones de años!

Hace poco tuve una bella experiencia, la más grandiosa de las que he vivido sin mi abuelo. ¡Vi el *cometa Halley*. ¡Parece una estrella arrastrando una cola de luz! ¡Pero se vio tan chiquitico!

Los antiguos describían los cometas como cabelleras humanas arrastradas por el viento. Los astrónomos modernos dicen que estos «visitantes del reino de las estrellas» son como una bola de nieve. Los cometas andan errantes por el espacio cósmico.

El Halley, que es uno de los más grandes, pasa cerca de la Tierra cada 76 años. Mi abuelo me habló de él. Lo había visto en 1910. Me confesó que había sentido un poco de miedo. ¡La gente pensaba que con el cometa llegaría el fin del mundo! En aquella ocasión pasó muy cerca de la Tierra y se vio muy grande.

Una vez más en 1986 los terrícolas nos sentimos felices con el cometa Halley. Todos nos preparamos para verlo, y hasta enviamos un satélite que llegó cerca de él para conocerlo mejor.

Nuestro planeta Tierra da vueltas y vueltas

–Los terrícolas somos habitantes de una nave espacial –repetía Papá Sesé.

A veces él dibujaba la Tierra repleta de niños vestidos de astronautas. Me explicaba que nuestra astronave nunca se detiene.

–El universo es como una feria de juegos mecánicos donde todo está en permanente movimiento. La Tierra gira sobre sí misma, gira alrededor del Sol, gira con el sistema solar dentro de la galaxia y viaja con la galaxia por el universo. Somos viajeros espaciales –concluía.

A mí me costaba mucho trabajo imaginarme a un mismo tiempo todos estos movimientos. Mi abuelo buscó entonces uno de los ejemplos que me ayudaban a entender mejor las cosas.

–Pequeño –me dijo con cariño–, piensa en un platillo volador, de esos que aparecen en las películas de guerras intergalácticas. Se mueven a gran velocidad girando y girando. Ese platillo es la galaxia. Ahora imagina que en un rincón del platillo hay un trompo. Esa es la Tierra. Mientras gira sobre sí misma, como cualquier trompo, también da vueltas alrededor de un punto. Pues bien, los terrícolas viajamos siempre en el trompo y a la vez en el platillo volador.

–Menos mal que no sentimos estos movimientos –comenté con un suspiro de alivio–. ¡Viviríamos siempre mareados!

Mi abuelo se rio con ganas de mi ocurrencia. Me dio una palmadita en la espalda y me dijo:

–Veo que lo entendiste, pequeño.

Ahora que soy más grande sé más sobre los movimientos de nuestro planeta. Alrededor de sí misma la Tierra gira tan rápido, a 27 kilómetros por minuto, que sólo se demora un día en dar una vuelta completa. Un carro de carreras a una velocidad de 300 kilómetros por hora apenas recorre unos 5 kilómetros en el mismo tiempo.

Como la Tierra es redonda, los terrícolas nos turnamos el día y la noche. Siempre hay media Tierra con luz, y media en tinieblas. Cuando en Bogotá los

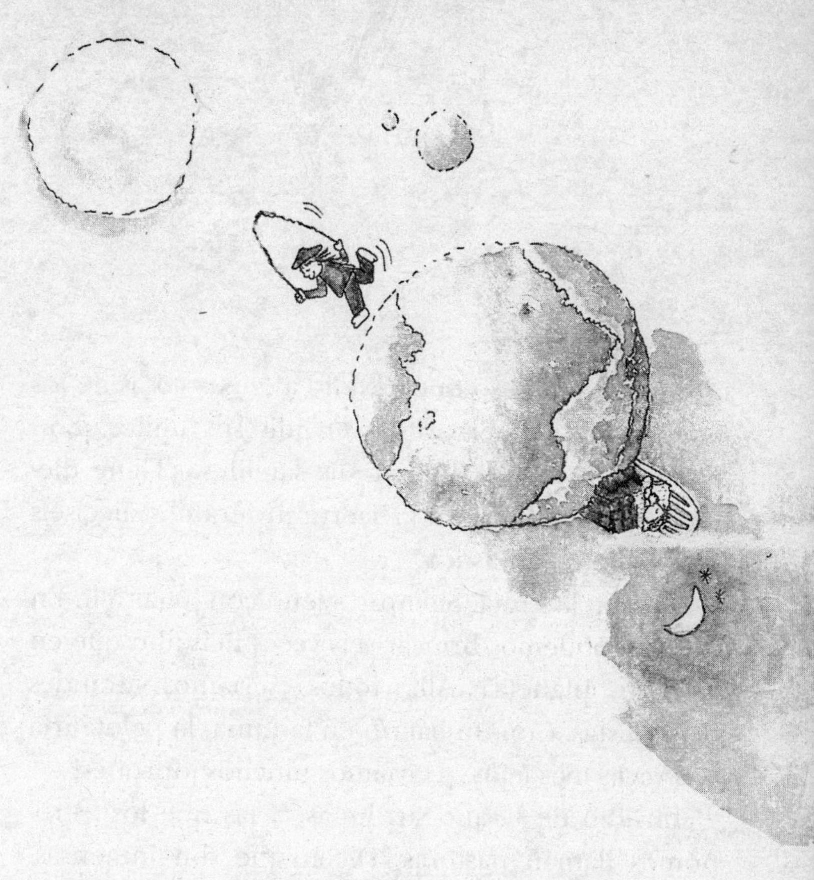

niños están almorzando, al otro lado de la Tierra, en Singapur, los niños se hallan empiyamados y en la cama en plena medianoche.

Alrededor del Sol, la Tierra viaja a casi 115 mil kilómetros por hora. Va muy rápido, pero la distancia es tan grande que se demora todo un año en terminar una vuelta.

A mí me gusta ser un terrícola. Aquí tenemos la luz y el calor necesarios para que existan las flores, los perros, los gatos, los hombres...

Bueno, confieso que envidio algunas cosas de los otros planetas. A Saturno le envidio sus anillos. ¡Son tan hermosos! Y a Júpiter sus satélites. ¡Tiene dieciséis! ¡Qué tal que en la Tierra tuviéramos dieciséis lunas! ¡Sería fantástico!

Yo amo la Luna. Siempre sueño con jugar allí. En la Luna podemos brincar seis veces más alto que en nuestro planeta. Allí todos seríamos grandes beisbolistas. Con un batazo en la Luna, la pelota iría seis veces más lejos. ¡Haríamos muchos jonrones!

Envidio de Urano sus lunas, a las que los astrónomos llaman pastoras. Dicen que son inmensas. Cada una guía una especie de rebaño de piedras que forma anillos alrededor de ese planeta. Eso lo leí hace muy poco en los periódicos. El *Voyager II* (Viajero II), esa nave espacial que viaja desde hace años por el universo cargada de aparatos para estudiar y fotografiar los planetas, descubrió estas lunas.

Por todo esto quisiera viajar por el espacio. Sí, deseo ser astronauta. A veces pienso que no es un sueño irrealizable. Soy muy joven, y cada día está más cercana la conquista del espacio.

Las calles y carreras de la Tierra

Mi abuelo no sólo amaba su telescopio. Quería también sus mapas, sus fotos, sus apuntes. Llegó a tener tantas cosas que la familia resolvió dejarle un cuarto un tanto abandonado y escondido en el último rincón de la casa.

Cuando no estaba de viaje, o mirando las estrellas, él se la pasaba allí encerrado. Recuerdo ese cuarto perfectamente. ¡Pasé tantas horas allí con Papá Sesé!

En un rincón acomodó un baúl, que más tarde heredé, repleto de mapas, álbumes y notas. Sobre una mesa había un globo terráqueo. De cada pared colgaba un mapa: un mapamundi gigante, uno de América y dos distintos de Colombia.

Había muy pocos muebles además del baúl y de la mesa: tres butacas, una de las cuales siempre la consideré mía, y un estante donde amontonaba el viejo sus libros; había también cojines y montañas de documentos regados en el piso.

Pero el objeto central del cuarto parecía ser el globo terráqueo. Mi abuelo lo consentía como si fuera un niño. Tenía razón. Era maravilloso. Estaba hecho de vidrio y por dentro lo alumbraba un bombillo. Muchas noches nos encerrábamos en el cuarto, apagábamos la luz y encendíamos el globo. Nunca lo olvidaré. ¡Me sentía envuelto en un ambiente misterioso que me permitía descubrir todos los secretos del mundo! Con el globo iluminado desde adentro, podíamos ver perfectamente todos los países. Cada país con sus ríos, sus montañas... ¡Era como estar a solas con la Tierra!

A las líneas que atraviesan el globo vertical y horizontalmente, las llamábamos calles y carreras. Pasábamos horas enteras jugando a dar con la dirección de cada país.

Las reglas eran sencillas: la línea horizontal que cruza el globo por la mitad y lo divide en dos partes iguales, el norte y el sur, era la carrera número cero.

De allí hacia el norte contábamos 90 carreras y hacia el sur otras 90. Claro que en el globo sólo aparecían dibujadas de 15 en 15.

Las calles empezaban en la línea vertical que pasa exactamente por Greenwich, una ciudad cercana a

Londres, la capital de Inglaterra. De ahí contábamos 180 calles al oriente y 180 al occidente. Con las calles ocurre igual que con las carreras: sólo están de 15 en 15.

Así como en las ciudades hay calles y carreras para orientarnos y no perdernos, los científicos inventaron líneas imaginarias para ubicar los países en el mundo. Las llamaron paralelos y meridianos. A los paralelos mi abuelo y yo los llamábamos «carreras», y a los meridianos «calles». El Ecuador era la carrera cero, y la calle cero el meridiano de Greenwich. Un poco más hacia el norte pasa el paralelo del *trópico de Cáncer,* y más hacia el sur el del *trópico de Capricornio.*

Junto con el paralelo del Ecuador éstas son las carreras más importantes del mundo. Aún más arriba y más abajo, se encuentran las líneas polares.

La dirección de Colombia sería así: país situado entre las carreras 12 norte y 4 sur, calles 66 y 79 oeste.

Bueno, en el colegio siempre diré que Colombia se encuentra entre los *12 grados latitud norte* y *4 grados latitud sur,* y *entre los 66 y 79 grados de longitud oeste.*

Además de ubicarnos, los paralelos dividen el mundo en grandes zonas. La *zona tórrida,* que abarca los países del centro del planeta. Las *zonas templadas,* comprendidas entre los trópicos de Cáncer y Capricornio y las líneas polares. Y los *polos* en los extremos norte y sur de la Tierra.

La *zona tórrida* es la más caliente porque recibe más luz y más sol durante todo el año.

En las *zonas templadas* están los países que tienen estaciones: primavera, verano, otoño e invierno. En esas regiones todos los años cae nieve. ¡Siempre soñé con levantar un muñeco de nieve y vestirlo de Papá Noel, en la noche de Navidad! Es lo que hacen los niños de Europa y de Estados Unidos.

En el Polo Sur no me gustaría vivir... A menos que me dé por ser un investigador. Así viviría en los centros de experimentación sobre recursos naturales que existen allí, y no me importaría que la noche durara seis meses y el día otros seis.

Los meridianos también tienen otra función: determinar la hora en las distintas ciudades del mundo. Es fácil: partiendo de la calle cero hacia el oeste, cada 15 meridianos o grados hay una hora menos, y hacia el este una hora más. Por ejemplo, cuando en Greenwich son las 6 de la tarde, en Bogotá, que está en la calle 74 oeste, serán 5 horas menos, o sea la una de la tarde.

Este juego de las horas me gusta más hoy cuando soy grande. Cuando estaba más pequeño mi tortura eran las sumas y las restas.

Un país con dos océanos a sus pies

Mi abuelo tenía la costumbre de escribir notas hasta en las servilletas y en los mapas. En éstos apuntaba las cosas más importantes. Un día me reveló que lo hacía simplemente para que yo, que era tan pequeño, las recordara.

Por ejemplo, en el mapamundi –que era todo en colores– trazó un recuadro. En él escribió:

La superficie del planeta Tierra está cubierta en un 72 % de agua. El resto lo ocupan los continentes: Asia, Europa y África; el nuevo continente, o sea América; y Oceanía y la Antártida.

Yo participé en la elaboración de algunos recuadros. Me encantaba ayudarle. Era como un juego para mí.

Un día descubrí un recuadro en el que yo no había participado. Lo debió hacer el viejo a escondidas.

Estaba escrito en el mapamundi y se llamaba:

VENTAJAS DE LA POSICIÓN GEOGRÁFICA DE COLOMBIA

Decía así:

1. *América del Sur parece un triángulo parado en una punta. Colombia está en una de sus esquinas.*

2. *Colombia tiene costas sobre los dos océanos más grandes de la Tierra, el Atlántico y el Pacífico. Por el Atlántico nos podemos comunicar con Europa y África, y por el Pacífico con Australia y Asia.*

3. *Colombia está próxima al canal de Panamá, el de mayor movimiento comercial del mundo.*

Confieso que cuando lo vi por primera vez me pareció un cuadro algo aburrido. ¡Una lección del colegio! Tomé mi butaca, la acerqué a la pared, me arrodillé en ella y me dediqué a mirar con detenimiento el mapamundi. Quería entender el recuadro. Algo interesante debería tener si lo había hecho el viejo. Me di cuenta que él había remarcado en rojo el croquis de Colombia. Así me fue más fácil darme cuenta de la ubicación privilegiada de mi país. Está en la mitad del mundo, en la zona tórrida, y con un

gran pedazo rodeado de agua. ¡Un país con dos océanos a sus pies!

Algo no me quedó muy claro. Lo del canal de Panamá. Mi abuelo me contó que en el pasado los barcos debían ir hasta la Patagonia, al extremo sur del continente americano, si querían cruzar de un océano a otro. Eran días y días de viaje. Hoy se pasa del Atlántico al Pacífico en sólo ocho horas, por el canal de Panamá. Todos los días cruzan por allí unos 45 buques que llevan banderas de distintas naciones del mundo.

Papá Sesé solía decir que Colombia tiene una forma extraña.

–Mira –me dijo un día–. Observa muy bien los países del mundo. Apuesto a que no encuentras un país con una forma más difícil de pintar que Colombia.

Obedecí contento. Apagué la luz del cuarto y prendí la del globo. Me senté en la butaca y me dediqué a observar la forma de cada uno de los países: Estados Unidos parece un rectángulo, Chile es como una culebra, Italia como una bota, Egipto se puede pintar casi con cuatro líneas, la India es un triángulo patas arriba, y Colombia parece una estrella de cinco puntas, chueca y mal dibujada.

Estaba entretenido en este juego cuando mi abuelo me llamó la atención:

–Te voy a mostrar algo –me dijo mientras abría su baúl. Sacó un viejo mapa y lo extendió–. Así era Colombia hace un siglo –comentó.

Quedé asombrado. Era un mapa distinto. Más grande, más fácil de pintar. Era casi redondo, y ¡Panamá formaba parte de esa antigua Colombia!

Mi abuelo tomó de nuevo el mapa y mientras lo guardaba en el baúl me dijo:

–En la actualidad tenemos aproximadamente un millón 141 mil 695 kilómetros cuadrados de tierra en el continente. Si contamos la superficie de las islas y los cayos que poseemos en los mares, aumenta a un millón 141 mil 748.

–Te sorprendió ver a Panamá en un viejo mapa, ¿verdad? –me preguntó mientras pasaba su mano sobre su cabeza–. Te voy a contar: en la época en que los países que tenían más barcos navegando por los mares del mundo empezaron a hablar de la importancia de un canal que uniera los dos océanos,

Panamá era un departamento de Colombia. Sin embargo, en 1903, en un episodio desafortunado, Panamá se convirtió en un nuevo país.

–Bueno, bueno. Inventémonos otro juego. ¡Ya sé! Mira el mapa. Adivina: ¿Cuántas veces cabe Colombia en los países más grandes, y cuántas veces caben los países más pequeños en el nuestro?

Me entusiasmó la idea. Observé el mapa.

–Sí, Colombia no es grande ni pequeña. Estados Unidos es muy grande –le dije–. También Australia y Brasil... España e Italia parecen más chiquitos. ¡El Salvador es chiquitico!

Mi abuelo abrió de nuevo el baúl y sacó un libro. En él aparecían los datos más importantes sobre todos los países del mundo. El viejo tomó también un lápiz y un papel. Lo vi haciendo divisiones.

–Pinta un recuadro –me ordenó cariñosamente–, y escribe:

No somos ni grandes ni chiquitos. Colombia cabe en los Estados Unidos 8 veces; en la antigua Unión Soviética 19 veces, en Brasil 7. En cambio Ecuador cabe 4 veces en Colombia, España 2 y El Salvador 54 veces.

Éste fue el tercer recuadro que pegamos en el mapamundi de colores...

Fronteras en la selva y fronteras en el mar

Una noche mi abuelo me dijo:

–Observa otra vez el mapa y dime: ¿Qué puntos están más al norte, más al sur, más al este y más al oeste de Colombia?

Tomé mi butaca y me planté frente al mapa.

–Al norte, Punta Gallinas –grité feliz–. Al sur, Leticia... Cabo Manglares al oeste y Puerto Carreño al este.

–Bien, muy bien. Sólo fallaste en el último.

Papá Sesé tomó mi dedo y me hizo señalar sobre el mapa una línea recta de Puerto Carreño hacia abajo. Tenía razón. Esa nariz flaquita que le creció a Colombia en el Guainía está más al este. Miré detenidamente la punta de la nariz. Entonces descubrí un nombre escrito con la letra de mi abuelo: La Guadalupe.

–Punta Gallinas, Leticia, Cabo Manglares, La Guadalupe –repetí triunfante.

–Yo conozco esas cuatro puntas de Colombia –susurró orgulloso el viejo–. ¿Quieres que te cuente cómo son?

–¡Claro! –contesté. Salté de la butaca, busqué un cojín y me arrunché en él. Me encantaba escuchar así las historias de mi abuelo. Me sonaban a esos cuentos con los que nos arrullaban en la cuna.

VAMOS PRIMERO al norte, a Punta Gallinas. En medio de un inmenso desierto empieza Colombia. Allí hay un faro que da las señales de peligro a los navegantes que vienen del norte. Al lado se encuentra un rancho donde a veces duerme el guardafaro. El trabajo de este hombre consiste en limpiar el faro y cambiar cada año la bomba de gas que alimenta su luz.

Punta Gallinas es el sitio más al norte del territorio continental colombiano. Pero el pueblo ubicado más al norte se llama Taroa. Allí todo es arena. Sus casas parecen sucias de tanto soportar las tormentas de polvo.

Si tú fueras un niño de Taroa te levantarías muy temprano. Tal vez cuidarías las cabras y tendrías un burro para ir por el agua. En la alta Guajira éste es el oficio de los niños. Ellos deben recoger en cántaros el agua de los jagüeyes; así llaman a los pozos.

Si fueras de Taroa, tu mamá sería indígena. Se

vestiría con bellas mantas hechas con metros y metros de telas de colores. Ella, al igual que tú, usaría jutepa, un polvo negro que se untan los guajiros en la cara para protegerse de las quemaduras del sol.

Para estudiar tendrías dos opciones: ir a la escuela del pueblo, o ir al internado indígena de un pueblo llamado Nazareth. El internado funciona en una casa inmensa. En los dormitorios no hay camas sino hamacas, y las clases se dictan en guajiro y en español.

Los hombres de Taroa viven de la pesca de langosta y de tortuga. También se dedican al contrabando. Ésta es una vieja historia.

Vamos ahora al sur, a orillas del río más caudaloso y ancho del mundo: el Amazonas. Allí, en medio de la selva, está Leticia. Es la ciudad colombiana que está más al sur. Pero el sitio más al sur queda donde la quebrada San Antonio regala sus aguas al Amazonas.

En Leticia se acaba Colombia. De ahí en adelante la selva pertenece al Perú y a Brasil.

Si fueras un niño de Leticia, tal vez sabrías portugués. Conocerías más de la televisión y de las noticias del vecino país que del tuyo. Quizás también creerías en leyendas como las que escuché una noche en Boi–Aua–Suu. Éste es un caserío indígena en la frontera con Perú. Estas leyendas tienen que ver con el Amazonas, un río al que se ama, pero al que también se teme.

Los pobladores de Boi–Aua–Suu relatan que un fantasma habita en sus aguas. Se llama Yucumuna. Es

una gigantesca serpiente que se disfraza de navío en las noches de tormenta. De su interior brota un lamento que hechiza a los pescadores. Cuando éstos se acercan Yucumuna, en silencio, se los lleva.

Cuentan que existe otra terrible y voraz serpiente de fuego que ataca a quienes queman la vegetación que crece a orillas del río. Además aseguran que por las aguas del Amazonas viaja un pez grande, rosado, que enamora a las mujeres.

Dejemos por ahora las leyendas, y vamos al occidente, a Cabo Manglares. Es un pueblo gris, de unas cuarenta casas de madera. Se encuentra en el sitio donde el río Mira desemboca en el Pacífico. La escuela a la que asisten los niños como tú está construida en madera.

Como no hay sino una sola profesora, los alumnos de todos los cursos de primaria comparten un mismo salón. Cuando las clases terminan los niños se van de pesca. Si los vieras te daría envidia. Tienen pequeñas canoas, a las que llaman potrillos. Cada uno coge el suyo y sus remos y se van por los caños...

En Cabo Manglares no hay agua, ni médico, ni luz eléctrica. Cuando sus habitantes se enferman, o necesitan comprar sus cosas, viajan al Ecuador.

Existe algo muy lindo en Cabo Manglares. Las flores de un día. Son flores que abren sus pétalos a las 6 de la mañana y mueren a las 6 de la tarde. Viven sólo un día.

CERRÉ LOS OJOS para tratar de imaginarlas. Creo que Papá Sesé pensó que yo estaba aburrido o dormido. De repente me preguntó si recordaba el nombre del pueblo situado más al este de Colombia.

–El de la punta de la nariz –me dijo. Por fortuna ya lo sabía de memoria.

–La Guadalupe –le respondí. Pero no me aguanté las ganas de aclararle que yo no estaba ni dormido ni aburrido.

–Papá Sesé, cerré los ojos porque quería soñar con las flores de un día, con Yucumuna, con el pez rosado, con los niños de Taroa... –le dije. El viejo quedó contento, me abrazó y continuó con su historia:

LA GUADALUPE está frente a la piedra más bella que conozco: la piedra del Cocuy. En los viejos libros de geografía se decía que pertenecía a Colombia y que servía de límite entre nuestro país, Brasil y Venezuela. Por eso cuando la visité por primera vez sufrí una terrible desilusión. ¡Es toda de Venezuela!

Muy grande y gris, la piedra parece puesta adrede para romper el paisaje siempre igual de la selva. Debe ser tan alta como un rascacielos. Desde horas antes de llegar hasta ella, mientras se viaja en canoa, se ve reflejada en las aguas del río Negro.

Como cada lado del río pertenece a un país, las embarcaciones deben llevar siempre las banderas de Colombia y Venezuela. Justo a partir de la piedra del Cocuy, el río y la selva pasan a ser de Brasil.

Al lado de la piedra, Venezuela tiene un puesto militar. Brasil también construyó un pueblo en la frontera. Se llama Cocuy. Allí aterrizan todos los días aviones que traen provisiones. Es un pueblo con panadería, hospital, cine y hasta billares.

Nuestro último pueblo se llama La Guadalupe, un caserío de cuatro casas donde viven el inspector, el maestro y su familia, unos colonos y una familia de indígenas curripacos.

Los colombianos que viven a orillas del río Negro se ven obligados a viajar por caminos, caños y ríos venezolanos para llegar a Puerto Inírida, la capital del Guainía. Sólo allí pueden tomar un avión que los lleve al interior del país.

MI ABUELO hizo un largo silencio. Luego se acercó al cojín donde yo estaba acurrucado, me dio una palmadita en el hombro y me dijo:

–Siento un poco de tristeza cuando hablo de las fronteras de Colombia. ¡Los que viven allí tienen que pasar tantos trabajos! –agitó sus largos brazos con un gesto de enojo. Sacudió la cabeza, y prosiguió su relato:

COLOMBIA posee fronteras con *Venezuela, Brasil, Ecuador, Perú* y *Panamá*. Son casi todas zonas selváticas a donde resulta difícil llegar. La más inhóspita y deshabitada es la frontera con Panamá. Se trata de una barrera de espesa manigua y húmedos pantanos.

Siempre la han llamado el *tapón del Darién*. Sin embargo, es un lugar muy bello.

Allí se engancha América del Sur con la América Central. En esta estrecha faja del continente, que apenas mide 266 kilómetros de ancho, parece que hubiera encallado el arca de Noé. En su serranía corretean animales que bajan del norte y que suben del sur. Por ejemplo, las aves que vuelan miles de kilómetros, huyendo del invierno, hacen allí una de sus más largas escalas.

Algún día este tapón será destapado para darle paso a una carretera que unirá a toda América, desde la Patagonia hasta Alaska.

–BUENO, BUENO, ya he hablado mucho, y es hora de ir a dormir –dijo finalmente Papá Sesé–. Pero, ¿sabes? –añadió cuando yo ya le había dado el beso de las buenas noches y estaba a punto de salir del cuarto–. Colombia tiene otras fronteras, que van por entre las olas del mar, y además un pedacito de territorio muy, pero muy cerca de Jamaica. Otro día te hablaré de ello.

Me fui a dormir pensando que mi abuelo estaba confundido. ¿Fronteras en el mar? ¿Colombia con territorios cerca de Jamaica, esa isla que está cerca de Estados Unidos y no de nosotros? ¡Eso no lo había escuchado nunca!

Las moronas de tierra colombiana desperdigadas en el mar

La curiosidad casi no me deja dormir aquella noche. Me levanté muy temprano y antes de irme a la escuela corrí a hablar con mi abuelo. Él se rio con agrado de mi ansiedad. Nos fuimos a su cuarto y miramos el mapa de América. Me señaló unos punticos perdidos en el mar Caribe: *Serranilla, Serrana, Roncador, Quitasueño, Alburquerque, Cayo Bolívar, Bajo Nuevo.*

Los más lejanos son Serranilla y Bajo Nuevo. ¡Claro, están situados justo al sur de Jamaica! Y son de Colombia. Los demás se encuentran frente a las costas de Nicaragua, cerca de San Andrés y Providencia. Son territorios tan pequeños que no alcanzan a ser islas. Por eso se llaman cayos. Todas estas islas y estos cayos forman un archipiélago.

San Andrés, Providencia y Santa Catalina son islas habitadas por colombianos que hablan inglés. Además, los nativos más viejos bailan *polka* y *chotis*, que son danzas de las antiguas cortes europeas.

En el pasado de los isleños existen puritanos ingleses, piratas, corsarios bucaneros y aventureros; ingleses, holandeses, franceses y esclavos negros.

–Todavía se presentan disputas por estos pequeños puntos –me explicó Papá Sesé–. Algunos dicen que no nos pertenecen. Pero existen dos tratados, uno firmado con el gobierno de Nicaragua, y otro con el gobierno de los Estados Unidos, que ratifican que pertenecen a Colombia. Ahora esos sitios parecen muy lejanos, como si no nos pertenecieran. Pero si te acuerdas de que Panamá era nuestro, y también parte de la costa de América Central sobre el mar Caribe, nos explicamos por qué nuestra bandera flota en esas islas y cayos.

Luego mi abuelo fue hasta su baúl y sacó un recorte de una revista y me lo entregó.

–Léelo y así matarás toda tu curiosidad –me dijo. Salí para la escuela, y antes del recreo ya había leído el recorte. Esto fue lo que entendí:

LOS CAYOS parecen moronas de territorio colombiano desperdigados en la inmensidad del mar. Para llegar a ellos se necesita realizar largos viajes en barcos. Son tan pequeñitos que desde un avión se ven como manchas verdes y amarillas flotando en el

agua. En ellos sólo habita un puñado de infantes de la marina, unas cuantas palmeras y, en época de cría, cientos de aves marinas.

Según una leyenda, los antiguos navegantes que pasaban junto a los cayos, al occidente de San Andrés, oían aterrorizados unos misteriosos ronquidos. Eran tan fuertes que parecían los ronquidos de un ogro. Desde entonces a esos cayos se les conoce con el nombre de Roncador y Quitasueño.

Roncador es una inmensa roca de coral, del color del desierto.

Quitasueño, por su parte, está formado por un pedazo de tierra escondida aún bajo el mar. De lejos los marineros sólo ven una estela de espuma que se forma al chocar las olas con esta piedra sumergida.

Serrana es el cayo más grande, el de más vegetación y el que tiene más riqueza pesquera.

Cada uno de estos cayos se puede recorrer a pie en sólo diez minutos. Sus aguas son muy ricas en peces y en todo tipo de animales marinos. Pero los barcos piratas siempre han rondado por allí y han saqueado esta riqueza. Ellos aniquilaron hasta la última de las focas que vivían en los cayos.

POR LA NOCHE volví a revisar el mapa. Sí, Serranilla y Bajo Nuevo son los puntos más al norte que tiene Colombia y están muy, pero muy cerca de Jamaica. Y Alburquerque, otro pequeño cayo, es el punto de Colombia más al occidente, ¡más que Cabo Manglares!

Un paseo que echó a perder una bella teoría

Confieso que entender la razón de por qué existen tantos climas no fue para mí nunca un asunto sencillo. Me sabía como una lección aprendida de memoria aquello de que Colombia queda en la zona tropical y de que esta zona es la más cálida y lluviosa de la Tierra. También repetía como en una cantaleta que la altura determina la temperatura en el trópico.

Cuando yo era muy, pero muy pequeño, creía que cuanto más alto viviera uno en la montaña, más calor hacía. Para mí era claro que mientras más se subiera, más cerca se estaba del Sol. Total, que allá arriba hacía más calor... Ahora me río de mis ideas de niño. Aún pensaba así cuando un día organizaron en la

familia un paseo a tierra caliente. Empacamos los vestidos de baño, las sandalias, los sombreros y las cañas de pescar. Íbamos para un río.

Papá tenía una camioneta muy larga y, como siempre, Papá Sesé y yo nos sentamos en la parte de atrás. Al instante me dí cuenta de que el viejo llevaba los bolsillos llenos de cachivaches. Las libretas, los lápices, los anzuelos casi rompían sus bolsillos. Pero entre todo ese montón de cosas, me llamó la atención un instrumento que nunca antes había visto. Parecía casi igual a aquel tubo con que mi mamá medía mis fiebres. La única diferencia era que estaba pegado a una base de madera en la que se veían muchas líneas y varios números.

–Fíjate –me susurró mi abuelo tomando este objeto entre sus manos–. Es un termómetro. Con él vamos a medir «la fiebre» del aire en cada uno de los sitios por donde pasemos. Observa –me dijo antes de partir–; aquí marca 14 grados de temperatura. Hace frío.

Por fin arrancamos. Mi primera sorpresa fue ver que en lugar de subir por las montañas, hacia el Sol, nos alejábamos de él. La carretera descendía en medio de peligrosos precipicios. Al poco tiempo empezamos a bajar los vidrios de las ventanas. Hacía un poco de calor. Luego tuvimos que quitarnos los sacos. Después de dos horas de viaje, mi abuelo dijo tras un largo suspiro:

–Huele a tierra caliente. ¡Qué maravilla de olor!

Las flores, las plantas, el color, todo es distinto en tierra caliente.

El viejo sacó de nuevo el termómetro. Sin decirme nada lo puso ante mis ojos. La raya roja había crecido. ¡La temperatura había aumentado 14 grados desde que salimos de la ciudad! ¡El termómetro señalaba ahora 28 grados!

Papá Sesé sonrió maliciosamente y me dijo:

–Ahora estamos más abajo, pero hay más calor porque más capas atmosféricas nos separan del sol. Es como si tuviéramos más cobijas encima.

Llegamos al río y sacamos el equipaje. Mientras mi mamá y mi papá organizaban las cosas, mi abuelo tomó de su bolsillo una libreta y un lápiz. Pintó una montaña y la dividió en cinco partes. De abajo hacia arriba fue escribiendo lo siguiente frente a cada parte:

Piso cálido: Va desde la orilla del mar hasta los 1.000 metros de altura. Sus temperaturas son superiores a los 20 grados centígrados. Casi un 80 por ciento del territorio de Colombia pertenece a este clima.

Piso templado: Está ubicado entre los 1.000 y los 2.000 metros de altura. Pertenece a este clima más o menos el 10 por ciento de la superficie del país.

Piso frío: Es el clima característico de las regiones comprendidas entre los 2.000 y los 3.000 metros sobre el nivel del mar. Su temperatura oscila entre los 6 y los 18 grados. Cerca del 8 por ciento de nuestro territorio es frío.

Piso de páramo: Corresponde a las tierras situadas entre los 3.000 y los 4.000 metros de altitud. Su temperatura es menor de 12 grados. El 2 por ciento del territorio colombiano se encuentra en este piso.

Piso de nieves perpetuas: Se halla por encima de los 4.000 metros de altura.

Me quedé boquiabierto. El dibujo de mi abuelo desbarató en un instante mi novedosa teoría sobre el frío y el calor.

Ahora todo se reducía a tener más o menos cobijas de capas atmosféricas encima.

Pronto olvidamos el gráfico y nos dedicamos a la pesca. Papá Sesé se puso sus bermudas, unas alpargatas y su sombrero de paja. Encendió un tabaco y se echó la atarraya al hombro. Ésta es la imagen más viva que guardo de mi abuelo.

Durante el viaje de regreso, él llevó todo el tiempo el termómetro en la mano. Cuando arrancamos marcaba 24 grados. Comenzaba a atardecer y ya el sol no calentaba tanto. A medida que subíamos la temperatura iba bajando.

–Por cada 184 metros que subamos, la temperatura baja un grado –me dijo al oído el viejo, como si se tratara de un gran secreto.

No volvimos a hablar del tema. Años más tarde, estuve pensando de nuevo en los climas. ¿Por qué sitios que están a la misma altura tienen climas tan diferentes? ¿Por qué en la costa del Chocó llueve casi todo el año, mientras en la costa de La Guajira llueve tan poco?

Esculqué el baúl de mi abuelo, tratando de hallar alguna explicación. Al fin encontré una libreta que estaba marcada con un rótulo en el que se leía:

NO SÓLO POR LAS MONTAÑAS
COLOMBIA TIENE MUCHOS CLIMAS

No sólo por las montañas Colombia tiene muchos climas

Las costas del Chocó y La Guajira, aunque registran temperaturas parecidas, tienen distintos climas. En el Chocó reina un clima tropical húmedo con vegetación de selva. La Guajira soporta el clima árido del desierto.

Mientras en la alta Guajira llueve a lo sumo 60 días al año, en el Chocó ocurre lo contrario: sólo para de llover, por mucho, 60 días. En el Chocó la vegetación no deja espacios libres. En La Guajira sólo se ven arbustos pequeños y plantas llenas de espinas. Una de ellas es el cactus. Para no morir de sed dispone de profundas raíces con las que chupa el agua subterránea.

Hay que relacionar los vientos, la temperatura, la humedad y la lluvia de un lugar para determinar su clima.

Sobre Colombia, como sobre todos los países, corren muchos vientos. Unos viajan por gran parte del mundo, y por eso se llaman *vientos planetarios.* Otros transitan por zonas más pequeñas; se trata de los *vientos regionales.* Y otros apenas recorren pequeñas distancias en un mismo país; se les denomina *vientos locales.*

De los vientos que nos llegan, los más importantes son los alisios. Unos vienen del norte y otros del sur.

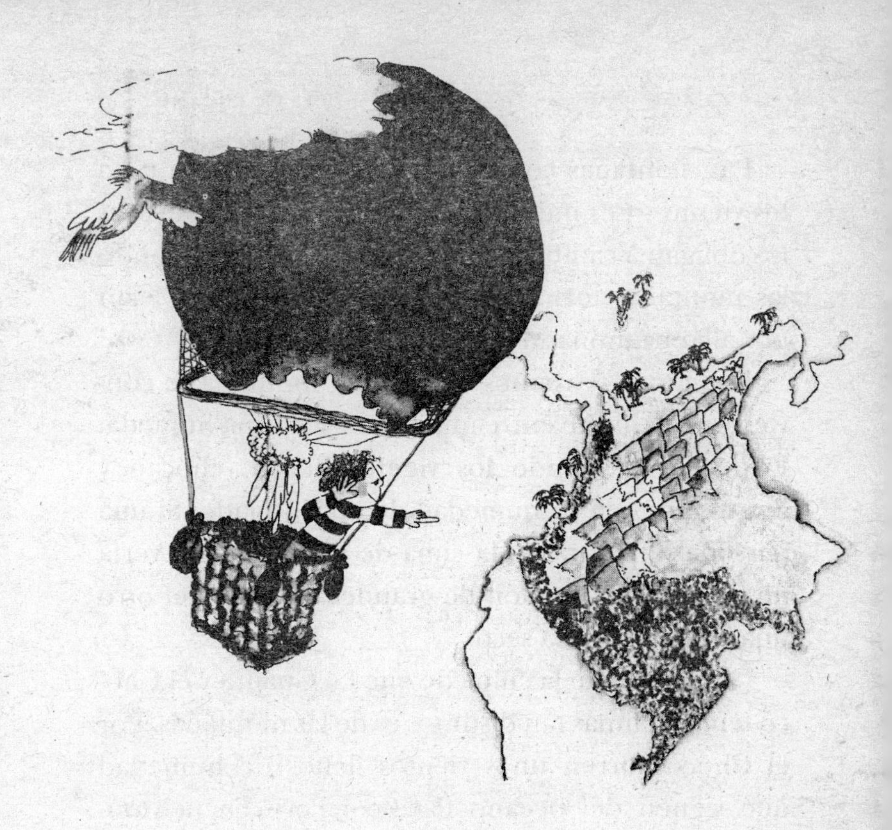

Son vientos planetarios. Como todos los vientos, los alisios se comportan como esponjas. Van chupando por el camino toda la humedad que encuentran: la de la tierra, la de las plantas, la del mar... Llegan a convertirse en una caravana de nubes.

Cuando encuentran un obstáculo que les cierra el camino, se desploman en forma de lluvia.

En ciertas épocas, los alisios del norte penetran más en Colombia; en otras, los del sur. En agosto, por ejemplo, los del sur alcanzan a entrar hasta el centro de Colombia y son los que elevan las cometas de los niños.

Las montañas conforman una gran barrera para los vientos. Les impiden andar a sus anchas. A veces los obligan a cambiar de rumbo. Otras veces, cuando las montañas forman corredores, los vientos viajan por allí encañonados.

En ciertas ocasiones una misma montaña se convierte en el límite entre una zona seca y una húmeda. Esto ocurre cuando los vientos llegan, chocan y descargan toda su humedad de un solo lado. Si una persona se parara en la cima de esa montaña, vería de un lado una región de grandes lluvias y del otro una zona del clima seco.

Gran parte de la culpa de que La Guajira y el Chocó tengan climas tan distintos es de las montañas. Por el Chocó corren unos vientos llenos de humedad que vienen del océano Pacífico. Pero encuentran una barrera: la cordillera Occidental; allí se estrellan, y dejan caer toda la lluvia sobre el Chocó.

Sobre La Guajira soplan también muchos vientos. Pero como en esa península no existen montañas suficientemente altas para atrapar los vientos y robarles su humedad, sobre su desierto casi nunca llueve.

Sí, Colombia es un verdadero mosaico climático. Si la pudiéramos observar desde arriba, veríamos, a un lado, un gran pedazo verde tupido de árboles. Es la selva: caliente, muy húmeda y lluviosa. Al oriente, una extensa planicie, los Llanos. También con mucho calor pero con épocas bien marcadas de lluvia y de sequía.

Al occidente contemplaríamos las montañas. Y en ellas todo un enjambre de diferentes paisajes: en los picos más altos la nieve; más abajo los frailejones de los páramos; luego los bosques de climas fríos que se visten con una vegetación distinta y variada en la medida en que se baja por la montaña. La zona del Pacífico parecería otra mancha verde de selva. Y al norte habría una sombra amarilla, la sombra del árido desierto de la alta Guajira.

Somos un país de muchos climas y muchas vegetaciones. Nos contamos entre las únicas cuatro naciones que tienen la altura y la humedad necesarias para que crezcan los frailejones. ¡Los colombianos somos dueños de la mayoría de los páramos que existen en el mundo!

LAS NOTAS de Papá Sesé seguían. Se referían ahora a los páramos.

El páramo, un lugar sagrado en lo alto de las montañas

Los páramos son sitios misteriosos, casi siempre envueltos en la niebla. En ellos crece una planta que usa ropa para protegerse del frío. Se llama *frailejón.* Esta curiosa planta puede vivir mucho tiempo. ¡Algunas llegan a cumplir años durante siglos!

En los páramos existen muchas lagunas sagradas. En la laguna de Iguaque, en un páramo cerca de Villa de Leiva, apareció Bachué. Ella fue la madre de la humanidad, según una leyenda de los muiscas.

Para los indígenas arhuacos las lagunas de los páramos también son sagradas. Allí, dicen ellos, descansan los espíritus de los hombres que no les hicieron daño a los demás, ni a los árboles, ni a los pájaros, ni a las plantas. Desde allí, desde lo alto de las montañas, vigilan a los demás mortales.

Amo el páramo. Me gusta visitar el de Sumapaz. Queda muy cerca de Bogotá y es el más grande del mundo. Los pocos campesinos que se arriesgan a convivir con el frío, la neblina y el viento, aseguran que en Sumapaz hay lagunas encantadas. Si nos acercamos con la intención de dañar sus orillas, ellas se enfurecen, dicen.

Todos los colombianos deberíamos, como los indígenas, cuidar y proteger los páramos como si se tratara de sitios sagrados. A esta conclusión llegué luego de admirar su belleza, de valorar su utilidad y de leer a un geógrafo muy importante que sabe mucho de los páramos, Ernesto Guhl.

Si se acabaran los páramos se secarían los ríos. ¡Los páramos son como las grandes fábricas de agua del país! Allí nacen nuestros ríos más caudalosos.

El piso del páramo es de musgo. Éste, a manera de esponja, recoge el agua de la lluvia, de la neblina y de la escarcha. La chupa y guarda parte durante el invierno, y en verano la distribuye entre los ríos y riachuelos.

LOS APUNTES de Papá Sesé me dejaron pensativo. No me imaginaba que los páramos fueran tan importantes... No sabía que la tierra de los frailejones resultara tan importante para nuestros ríos.

Continué leyendo la libreta del abuelo. Seguía un capítulo sobre ríos.

En Colombia corren muchos ríos: algunos son negros, otros son blancos

Somos un país rico en ríos. Colombia figura en tercer lugar en la lista de países que cuentan con un mayor número de ríos. Sólo nos ganan Canadá y Brasil. Al final de la lista aparecen naciones como Libia, que no posee ni un solo río que nunca se seque.

Pero no todos los ríos son iguales. En los Llanos y en la selva, por ejemplo, unos son blancos y otros son negros.

Los blancos nacen en las cordilleras. En su viaje recogen sedimentos como gredas, arenas y la tierra fértil de las montañas. Los peces los prefieren porque en sus aguas encuentran suficiente comida. El hombre también, porque en sus orillas los suelos son más productivos.

Los ríos negros nacen en las planicies del llano y de la selva. Corren generalmente sobre un lecho de arenas oscuras. Por eso sus aguas se ven negras, aunque de cerca resultan cristalinas. Los peces grandes no viven allí. En su lugar, hay miles de peces diminutos de vivos colores. Son los peces ornamentales que se exhiben en los acuarios.

Hace años se distinguían los ríos blancos de los negros no sólo por el color de sus aguas sino porque en las playas de los blancos dormían cientos de caimanes y zumbaban batallones de mosquitos. Hoy en Colombia casi no hay caimanes.

AL LLEGAR a este punto interrumpí la lectura de las notas de Papá Sesé. Me moría de curiosidad por saber qué ríos eran blancos y cuáles negros. Busqué un mapa en el baúl y elaboré una pequeña lista.

Ríos blancos: El Amazonas, el Orinoco, el Caquetá, el Meta, el Putumayo, el Arauca, el Guaviare...

Ríos negros: el Vaupés, el Guainía, el Vichada, el Inírida, el Tomo y el Negro, por supuesto.

Retomé la libreta de mi abuelo. Así continuaban sus notas:

PARA MUCHOS colombianos no existen más caminos que los ríos. Me gusta pensar que todas las mañanas, en los puertos de los ríos, hay tanto movimiento como en un aeropuerto o en cualquier otro terminal de transporte.

Como en los aviones y en los buses, existen varias opciones para el viajero de río. Las *voladoras*, las embarcaciones más veloces, resultan también las de pasajes más costosos. Son lanchas metálicas o de fibra plástica impulsadas por motores fuera de borda.

Lo más barato es viajar en *falca*. Son pintorescas barcas de madera, con techo de paja para proteger a los pasajeros del sol y de la lluvia. Aunque lentas, pueden transportar hasta 40 personas.

Son tan importantes los ríos para la vida del hombre que, por ejemplo, Colombia vivió su niñez y su adolescencia alrededor del *río Magdalena*. Este río, que atraviesa casi todo el país, fue llamado por años el río de la patria, porque era la principal vía del comercio. Hoy sólo navegan por sus aguas planchones que llevan carga y lanchas que transportan pasajeros de un pueblo a otro: de Mompós a Magangué, de allí a El Banco o Plato, de Plato a Tamalameque y de allí a Gamarra; y de Gamarra a Barranca o hasta Puerto Triunfo.

El otro gran río, el *Cauca*, viaja paralelo al Magdalena y recorre 1.350 kilómetros. Este río atraviesa una de las llanuras más fértiles del país, el Valle del Cauca.

El *Atrato* es el río por el que siempre he soñado viajar. Corre por el medio del departamento del Chocó y desemboca en el golfo de Urabá. Barcos de madera van y vienen permanentemente de Quibdó, que es la capital del Chocó, a Cartagena. El viaje dura normalmente 15 días. Pero si al llegar al mar sopla muy fuerte la brisa, la travesía se alarga pues se debe arrimar a una playa y esperar que amainen los vientos.

En el Pacífico desembocan más de 240 ríos, la mayoría muy cortos. El San Juan, el más caudaloso de ellos, es rico en oro y platino.

Conozco los ríos que entregan sus aguas al Amazonas y al Orinoco como la palma de mi mano. Los cruzan cientos de embarcaciones pequeñas, pero por ellos navegan también unas embarcaciones grandes muy especiales. Son las tiendas ambulantes de los mercaderes de los ríos. Ellos van corriente arriba vendiendo arroz, sal, gasolina, cerveza y cachivaches. Al devolverse, corriente abajo, van comprando la madera, el plátano, el pescado y los demás productos que les ofrecen los habitantes de las orillas.

¡Qué lástima que del Amazonas, un río tan ancho que en algunos sitios puede medir hasta 13 kilómetros, Colombia no posea sino 116 kilómetros! En total el Amazonas mide 6.500 kilómetros de largo.

ASÍ TERMINABAN las notas sobre los ríos de Papá Sesé. Luego escribió algo con letra más grande. Era como una especie de recuadro y decía así:

MUCHOS RÍOS de Colombia están enfermos, algunos de gravedad. Padecen una enfermedad contagiosa: la contaminación. Los hombres han confundido los ríos con basureros; por eso arrojan desperdicios en ellos.

También sufren de otra enfermedad: la anemia. Cada día parecen más flacos y débiles. De seguir así terminarán siendo simples hilitos de agua. Sólo los árboles los pueden salvar de este mal. Los árboles son los encargados de recoger el agua para alimentar los ríos. ¡Pero los hombres tumban y tumban bosques sin piedad!

Si en Colombia continúan derribando los bosques, mis biznietos no conocerán ni un río, ni una quebrada, ni una laguna... Etiopía, hace apenas 70 años, era un gran bosque; hoy es un inmenso desierto donde la gente se muere de sed.

Y así fue como llegaron a Colombia el roble, el pájaro carpintero y miles de animales más

En el barrio teníamos nuestro grupo de amigos. Eramos cinco, inseparables. Montábamos en cicla, jugábamos a las bolas de cristal, organizábamos partidos de fútbol. Pedro era el mayor de todos. Nunca olvidaré que una tarde llegó más feliz que de costumbre.

–Les tengo una sorpresa –dijo, y sacó de su bolsillo un caucho. Los demás nos miramos con asombro; no sabíamos para qué podía servir eso que nos mostraba Pedro.

–Hoy vamos de cacería, ¡vamos a cazar pájaros! –gritó. Fue casi una orden, pero aceptamos felices.

La casa quedaba cerca de un bosque en el que solíamos jugar. Como se trataba de buscar pájaros, nos internamos en él.

Pedro era todo un experto. Colocaba una piedra al extremo de la cauchera y ¡zas! Rápidamente nos enseñó a todos los secretos para utilizar su arma. ¡Nos estábamos divirtiendo tanto! Ya habíamos acordado un premio para el primero que lograra derribar un pájaro o un nido. ¡Había tal cantidad en el bosque que parecía una apuesta fácil de ganar!

Por fin me llegó el turno de usar la cauchera. Coloqué una piedra en la badana. Estiré el caucho y apunté hacia un pájaro picaflor. Ya iba a disparar cuando escuché un grito. ¡Era la voz de mi abuelo! Allí estaba él entre los árboles. Su cara tenía la expresión más extraña de todas las que le conocía. No supe en ese momento si era de dolor o de rabia.

–¡Ven acá! –gritó secamente–. Y ustedes también –dijo, dirigiéndose a mis amigos–. ¿Por qué matan los pájaros?

Ninguno se atrevió a contestar. Hubo un largo silencio. Luego mi abuelo se rascó la cabeza y finalmente exclamó:

–Bueno, dejen eso. Caminen, los invito a casa.

Nos fuimos tras él hasta su cuarto. Parecíamos

regañados. Mi abuelo señaló los cojines y todos nos sentamos.

–Escuchen bien la historia que les voy a contar.

Empezó a hablar, y a medida que avanzaba su relato, su cara dejó de ser rígida y triste. De nuevo apareció su expresión de abuelo sabio y bonachón. Nadie lo interrumpió.

HACE MUCHOS, pero muchos años, queridos niños, América del Norte y América del Sur eran dos islas separadas por el mar. Luego, cinco millones de años atrás, según dicen los científicos que han estudiado la evolución del mundo, se formó el istmo de Panamá, un puente que unió las dos Américas.

Bueno, antes de que esto ocurriera, cuando aún existían aquellas islas, en América del Norte vivían muchos mamíferos. Los animales que poblaban América del Sur eran marsupiales, que son también mamíferos pero menos desarrollados. Los canguros son unos de los pocos marsupiales que aún existen.

Sus hembras tienen una bolsa donde cargan sus crías. Allí las llevan hasta que ellas pueden andar solas. Pues bien, cuando apareció América Central, el puente que unió las dos grandes islas, los mamíferos del norte empezaron a viajar hacia el sur, y los marsupiales del sur encontraron un camino para subir al norte.

Nuestro país fue un punto especial en ese ir y venir de los animales. Los que venían del norte, al pasar por lo que hoy es Colombia y encontrar tantos climas, se fueron quedando. Aquellos que disfrutaban del frío, se acomodaron en lo alto de las montañas. Los que amaban el calor, construyeron su casa en las partes bajas. Los que se sentían bien con calor y humedad, se internaron en las selvas y los manglares... Esto mismo ocurrió con los animales que venían del sur. Colombia fue la puerta de entrada para los animales que venían del norte, y la puerta de salida para los que venían del sur.

–A través de las cordilleras, estos montes que cruzan toda América, viajaron los animales sin ningún tropiezo. Pero no viajaron solos. También fueron y vinieron las plantas.

El viejo roble, por ejemplo, que vivía en los bosques fríos y templados de los Estados Unidos, emprendió un día una larga caminata. Tal vez avanzó con la ayuda de la ardilla y del pájaro carpintero. Estos dos animales regaron, siempre más allá, las semillas del roble. La ardilla, ese pequeño y saltarín animal, se alimenta de los frutos del roble. El pájaro carpintero taladra con su pico el tronco del árbol, formando agujeros que utiliza de alacena. Allí amontona las semillas del roble, de las que también se alimenta.

Miles y miles de años duró el viaje de este trío. Por fin llegaron a Colombia y se instalaron en sus montañas. Hace un siglo nuestras cordilleras, a partir de los 2.000 metros, estaban llenas de bosques de robles.

De esta misma manera llegaron e instalaron su casa en Colombia muchos animales y muchas plantas. Dicen los sabios que de cada cien especies de animales existentes en el mundo, diez viven aquí.

En cuanto a variedad de plantas, Colombia es también uno de los países más privilegiados del mundo. Los mismos científicos señalan a Brasil, Indonesia y Colombia como los tres países del planeta más ricos en flora.

Les voy a contar unas curiosidades.

En Colombia existe *el venado más pequeño del mundo.* Habita en el páramo del Puracé. Es tan pequeño como un conejo, y lo llaman el venado conejo. Cuando nace es tan chiquitico que se podría parar en la palma de una mano. En Colombia también viven *el chigüiro,* que es *el roedor más grande del mundo,* y *el sapo bamboré,* que también es *el sapo más grande de la Tierra.* El bamboré puede llegar a medir hasta 40 centímetros de largo. Se encuentra aquí igualmente *la serpiente más larga, la anaconda.* ¡Alcanza hasta doce metros de longitud! Tenemos además *la palmera más enana* y *la más gigante.* Esta última, *la palma de cera del Quindío,* es nuestro árbol nacional. Ella crece hasta 60 metros. Además se trata de la única palmera que se da en lo alto de las montañas. La palmera más pequeña vive en el Chocó, y con todo y penacho es apenas tan alta como un niño de un año.

Como ven, en la repartición de las riquezas naturales tuvimos suerte. Sin embargo, hemos dilapidado esa fortuna.

El cinturón de robles se acabó. Lo talaron sin que nadie se preocupara por regar nuevas semillas. Con el roble han desaparecido también las ardillas y los pájaros carpinteros.

Los caimanes, que llenaban muchos ríos, poco a poco han ido disminuyendo. Los cazadores se dedicaron a matarlos con sus escopetas. Sus pieles han sido un gran negocio. Igual persecución sufren las nutrias, el oso de anteojos, el pato pico de oro, el mico tití, la guacamaya verde, el perro de agua, la ballena jorobada, el loro orejiamarillo, la tortuga carey y tantas otras especies en peligro de extinguirse.

DE NUEVO el rostro de mi abuelo adquirió una expresión de rabia y de tristeza, igual a la que tenía cuando nos sorprendió en el bosque con la cauchera en la mano.

–Ahora alguna gente mata a los animales y acaba con la naturaleza pensando únicamente en enriquecerse, o por el solo placer de destruir –dijo como si hablara para él y no para nosotros.

Luego nos miró a los ojos, y agregó:

–Yo no quiero a ese tipo de personas. Yo no la voy sino con los hombres que conservan el espíritu de los antiguos pigmeos de África. Hace muchos años, cuando estos pequeños habitantes de la selva tenían que sacrificar por necesidad a un elefante, para tener algo que comer, le pedían perdón. Luego de matarlo, rodeaban el cadáver, y cantaban con vergüenza y tristeza esta canción:

Hemos errado la puntería,
¡Oh! padre elefante.
No queríamos matarte
Ni queríamos causarte daño,
¡Oh! padre elefante.

Desde entonces nunca he olvidado la bella canción de los pigmeos de Africa.

Cómo y por qué en Colombia se cruzaron tantas razas

–Abuelo, ¿cómo llegaron los hombres a Colombia? –le pregunté una noche al viejo. Me arrunché bien en un cojín y escuché esta historia:

PEQUEÑO, los científicos encargados de escudriñar en el pasado de los hombres no se han puesto de acuerdo sobre cuándo y cómo llegó el hombre a América.

Unos dicen que por el estrecho de Bering pasó

gente de Asia a América del Norte. Otros aseguran que los polinesios y los vikingos, que eran grandes navegantes pues sabían manejar los vientos, fueron los primeros en arribar al continente. Otros más afirman que América fue poblada por el sur, desde Australia, a través del polo.

En Colombia los investigadores han llegado a una conclusión asombrosa luego de estudiar con delicada paciencia antiguos trozos de hueso y piedras: en el año 10.000 antes de Cristo ya había hombres viviendo en estas tierras. Sin embargo, dicen ellos, los agustinianos fueron de los primeros en desarrollar una cultura importante en nuestro país. Habitaron lo que hoy es el sur del Huila. En el parque arqueológico de San Agustín se conservan aún las inmensas estatuas que construyeron en piedra y las tumbas donde enterraron a sus muertos.

San Agustín era un hermoso centro cultural. Allí se

rendía culto a los muertos. Las estatuas de piedra representan animales míticos: la rana simboliza la muerte; el águila, la creación; y el mono, la virilidad.

Los agustinianos, con toda su creadora imaginación, desaparecieron unos trescientos años antes de la conquista.

Pues bien, lo cierto es que cuando los españoles desembarcaron en lo que hoy se llama Colombia, en 1502, encontraron, según muchos estudiosos, unos 850 mil nativos.

En el centro del país vivían los *muiscas.* Explotaban la sal, el oro y las esmeraldas. Adoraban al Sol, la Luna y el arco iris.

En lo que hoy son Quindío y Risaralda, habitaban los *quimbayas.* Ellos tenían la costumbre de vestirse en oro cuando marchaban a la guerra. Nadie le dio al oro formas tan hermosas como los quimbayas.

Al norte encontraron los españoles a los *motilones.* Les temían porque eran aguerridos y envenenaban sus flechas para matar al enemigo.

La Sierra Nevada la poblaban los *tayronas.* Ellos sabían mucho de arquitectura.

Vivían también en Colombia los *pijaos,* los *caribes,* los *guambianos,* los *paeces,* los *zenúes* y muchos grupos más... Unos usaban la pintura del cuerpo como único vestido; otros se cubrían con hermosas mantas de lana.

Como durante la conquista española vinieron muy pocas mujeres, pronto las indígenas tuvieron hijos de padres blancos. Aparecieron así en el país los *mestizos.*

Y como había tanto oro y tanta plata, y eran tantas las minas del Nuevo Mundo, la corona española decidió traer esclavos negros para ayudar a explotar tamaña riqueza. En las bodegas de los galeones trajeron de África a hombres negros, encadenados por el cuello, y con grillos en los pies.

Los negros, altos y fornidos, eran los únicos capaces de resistir el calor del trópico y los arduos trabajos de las minas. Dicen los historiadores que entre 1540 y 1810 pudieron llegar a Colombia unos 150 mil esclavos negros. Ellos aportaron de sus países de origen, Senegal, Guinea y Gambia, su música de tambores, su fuerza y su magia.

Algunos se enamoraron de las indias y algunos indígenas de las negras. Así nacieron los *zambos.* Los negros se unieron también con los blancos, y así nacieron los *mulatos.*

Hoy, mi pequeño, somos 28 millones de colombianos. Casi la mitad somos mestizos. Unos siete millones, mulatos. Los zambos suman muy pocos, al igual que los blancos, los negros y los indígenas.

Estos últimos, con la conquista, poco a poco se fueron extinguiendo. Unos no soportaron los trabajos rudos de las minas. Otros fueron arrasados en las batallas con los españoles, y otros muchos, al ver sus tierras invadidas, fueron derrotados por la tristeza.

Ahora en todo el país no sobreviven más de medio

millón de indígenas. Ellos, que disfrutaron de tantas tierras, ocupan en la actualidad sitios apartados en los que tratan de salvar su cultura y sus costumbres.

Hay muchos grupos: los *cunas*, los *huitotos*, los *curripacos*, los *pijaos*, los *tucanos*, los *ticunas*, los *guajiros*, los *coaiqueres*...

¿Sabes? Yo fui amigo de un cacique puinave. Él vivía en el río Guaviare, en un caserío que se llama Barrancominas. Tenía 38 años de edad y era cacique de 40 pueblos. Él me contó muchas historias fantásticas.

Decía, por ejemplo, que todos los de su tribu pueden convertirse en tigres. «Uno siente cuando la forma de humano va bajando y va subiendo la forma de tigre», me decía. Eso sí, mantenía como un secreto la sabiduría que su padre le había transmitido cuando él sólo tenía 14 años.

Una región llena de magia

En una oportunidad, Papá Sesé se demoró en uno de sus viajes más de un mes. Yo empezaba ya a inquietarme cuando por fin lo vi regresar. Venía con la piel tostada por el sol y, como siempre, muy feliz.

–¿Cómo te fue? –le pregunté.

–Muy bien –me respondió, tomándome en sus brazos–. Estuve en el Pacífico. Es un lugar mágico y fantástico.

Al día siguiente mi abuelo me fue a esperar en la puerta de la escuela. Aunque no me dijo nada, cuando emprendimos el camino de regreso a casa supe que me aguardaba una grata sorpresa. Nos detuvimos en el parque y nos sentamos en una banca.

–Te voy a contar mi paseo por el Pacífico –me dijo.
Yo me acurruqué a su lado y me dispuse a escuchar.

–Empecemos al derecho –afirmó, tratando de darle un orden a su historia.

–Mi viaje empezó realmente en Juradó. Tomé un avión de Bogotá a Medellín. De allí otro a Bahía Solano y desde aquel lugar me embarqué a Juradó. Éste es un pueblecito del Chocó muy cercano a la frontera con Panamá.

Mi abuelo extrajo del bolsillo del saco un papel arrugado. Lo alisó rápidamente con una mano y pintó sobre él un croquis de Colombia. Siempre admiré la facilidad que tenía para dibujar nuestro país. Luego marcó una cruz cerca de la frontera con Panamá y continuó su charla.

ÉSTE ES Juradó, un pueblo de dos largas calles de arena gris donde se intercalan las palmas y las casas. Las casas son pequeñas y siempre están hechas de madera y montadas sobre estacas. Parece un pueblo trepado en zancos.

Las construyen así para protegerlas de los maremotos y de las inundaciones. Los maremotos son terremotos que sacuden el fondo del mar y forman olas gigantes. Ellos han destruido muchos caseríos del Pacífico.

Pero hay algo muy bello en Juradó. Sus pobladores plantan los jardines en las canoas viejas, las que por estar tan gastadas y débiles ya no son capaces de hacerle frente al mar. Colocan las canoas sobre estacas, frente a las casas, y las llenan de plantas y de flores.

PAPÁ SESÉ dobló el papel y pintó varias casas con zancos. Después dibujó frente a una casa una canoa repleta de flores.

UN SIGLO atrás, un grupo de negros esclavos que huían de sus amos fundó el pueblo. La mayoría de los que viven hoy en Juradó descienden de esos esclavos. Casi todos se dedican a la pesca. En pequeñas barcas batallan con el mar para atrapar róbalos y pargos. Tienen un enemigo grande. Los barcos piratas, a los que nadie controla. Vienen de otros países y se roban los peces.

También hay indígenas allí. Los llaman cholos. Viven a orillas del río y cultivan plátano. Los colonos completan el resto de la población. Son hombres de todo el país. Buscan sobre todo un pedazo de tierra para cultivarlo.

Juradó es un pueblo extraño. Para entrar o salir de él, hay que arriesgar la vida.

MI ABUELO debió de notar mi cara de asombro porque antes de que yo alcanzara a decir algo, él ya había plegado de nuevo el papel. Pintó entonces un río desembocando en el mar. Al lado del río, un pueblo. Y justo en el sitio de la desembocadura, dos inmensas rocas.

A JURADÓ sólo se puede llegar por el mar y entrando por esta bocana –explicó señalando el espacio entre las dos gigantescas piedras–. Como el océano está casi siempre muy bravo y golpea muy fuerte, si se sale o se entra desprevenidamente, las olas pueden lanzar las frágiles canoas contra las rocas, destrozándolas. Sólo durante contados minutos al día las aguas ofrecen la calma necesaria para que se pueda entrar o salir sin peligro.

Por fortuna no tuvimos problemas al cruzar esa bocana. El boga era un verdadero lobo de mar. Al regresar, como llovía y el océano estaba enojado, decidimos descansar a la mitad del camino, en una playa. Esto ocurre muchas veces cuando se viaja por el Pacífico.

Eran las seis de la tarde. La playa donde nos detuvimos era inmensa. Tal vez la más grande que haya visto en mi vida. Recuerdo que el camino por la arena hasta llegar a un rancho se me hizo interminable. Allí nos ofrecieron café y luego de un rato nos acostamos a dormir. A las cuatro de la mañana, Juan (así se llamaba el boga) gritó:

–¡Nos vamos! ¡Rápido! ¡Está subiendo la marea y si no salimos ahora nos quedamos atrapados aquí!

Me levanté. Bajo la luz de la luna me di cuenta de que había ocurrido algo insólito. La inmensa playa ya no existía. Ahora el mar casi que golpeaba el rancho. ¡En cambio por la noche estaba tan lejano!

MI ABUELO hizo un nuevo doblez en la hoja, dibujó algo así como una playa, olas y flechas en dos sentidos. ¡No entendí nada!

TE VOY A explicar qué fue lo que pasó en esa playa. El Pacífico es el océano más grande del mundo. Como todos los océanos y mares, tiene muchos movimientos. Uno de ellos, las mareas.

Las *mareas* son movimientos por los que las aguas suben y bajan atraídas por el Sol y la Luna. Cuando las olas invaden las playas, se habla de marea alta o pleamar; y cuando se retiran, de marea baja o bajamar.

En el Atlántico este fenómeno ocurre dos veces al día. En el Pacífico, una sola vez. En el Atlántico casi no se nota. En el Pacífico colombiano, cubre y descubre grandes playas. ¿Ves?

Bueno, continuemos con la historia del viaje. Nos acomodamos de nuevo en la canoa. Me senté al lado de Taltún, un enano negro con el que antes escasamente había cruzado palabra.

Estoy seguro de que él notó mi asombro de forastero cuando al despertarme vi el mar tan cerca. Por eso apenas iniciamos el viaje, me dijo:

–Yo antes me atormentaba pensando dónde se escondería toda el agua del mar que se va por horas dejando las playas vacías. Siempre quería saber a qué parte del mundo iba a parar esa agua. Me atormentaba aún más al ver que el mar regresaba y casi que golpeaba mi casa con las olas. Cuando yo era niño llegué a pensar que en el fondo del océano había un sifón muy, pero muy grande, que se abría y se cerraba a determinadas horas del día... –Taltún sonrió y agregó–: ¡Qué lindo ser niño para soñar cosas así!

Desde entonces me hice amigo de Taltún. Él viajaba también hacia el sur y decidimos continuar nuestro camino juntos. Con él aprendí a querer toda la magia y la fantasía de los hombres negros del Pacífico.

MI ABUELO volvió a tomar el papel. Lo desdobló y

buscó el croquis de Colombia. Luego trazó una raya paralela a la costa pacífica. Le puso un nombre: cordillera Occidental. Quedó así señalada una angosta franja que iba desde Panamá hasta Ecuador.

ESTA FRANJA es la zona del Pacífico, una región muy húmeda, cubierta casi toda de selva. Pertenecen a ella el Chocó y la parte occidental de los departamentos del Valle, Cauca y Nariño.

Esta región está llena de pueblos como Juradó. Tienen casas de madera, jardines en canoas, hombres negros descendientes de esclavos, indígenas y colonos que trabajan solos o como jornaleros en los aserríos. Son pueblos sin luz, sin agua, sin puestos de salud, donde muchos niños mueren antes de cumplir los cinco años.

MI ABUELO tomó de nuevo el mapa. Escribió unos nombres: Quibdó, Tumaco y Buenaventura.

ÉSTAS SON las únicas ciudades de toda la zona. Buenaventura es uno de los puertos más importantes del país. Allí se embarca casi todo el café que exporta Colombia. También por allí entró buena parte del progreso que nos ha llegado: trenes, maquinarias, el cultivo del azúcar... hasta la música de Europa y del Caribe.

A TODO lo largo de la frontera con Panamá, Papá

Sesé pintó unas montañas y les puso un nombre: *serranía del Darién.* Luego, bien al norte y paralelas a la costa, añadió otras montañas: la *serranía del Baudó.* A su lado hizo el puntico de un pueblo: *Bahía Solano.*

Aunque no me gustaba interrumpir a mi abuelo le pregunté cómo era Bahía Solano.

BAHÍA SOLANO es un pueblo atrapado entre el mar y la montaña de selva. Sus habitantes son muy ingeniosos. Al aeropuerto lo llaman «Sal si puedes», pues allí nunca se sabe cuándo puede aterrizar o despegar un avión. En total estuve unos seis días en Bahía Solano. Todas las noches salía de pesca. Para serte franco, no tuve mayor suerte. Pero no importa. Luego, Taltún y yo nos embarcamos hacia el sur.

Viajando por el Pacífico se llega a un punto donde se ve algo maravilloso. De repente el paisaje cambia. Ocurre en *cabo Corrientes,* al sur de Bahía Solano. La montaña se aleja del lado del mar. La costa se vuelve plana. Hay muchos ríos y la tierra es pantanosa. Allí no hay playas. Las orillas están invadidas por los manglares. Sus enormes y retorcidas raíces parecen flotar en las aguas, formando una tupida red. Cuando sube la marea, el mar arrastra hasta allí ostras, almejas y «paniagua», que son moluscos muy pequeños. Estos animales se quedan enredados en las raíces.

Muchas mujeres tienen por trabajo esperar a que el mar baje para dedicarse a escarbar entre el mangle en busca de las conchas. Cuando sube la marea, navegan en medio de la red de raíces sentadas en balsas de caña de bambú amarradas con fuertes lazos. No se impulsan con remos sino con un palo largo, como los gondoleros en Venecia. Esto es lo que se ve, si se viaja por el Pacífico, desde cabo Corrientes hasta cabo Manglares, cerca de la frontera con Ecuador. Allí finalizó mi viaje. Y allí terminan los 1.300 kilómetros de costa que tiene Colombia sobre el océano Pacífico.

LUEGO permaneció callado mientras pintaba unos hilos en forma de culebra. Al pie de cada uno escribió: *Atrato, Baudó, San Juan, Patía, Dagua* y *Mira.*

ESTOS SON los ríos más importantes de esta región. Antes fueron muy ricos en oro. Pero casi todo se lo llevaron las compañías extranjeras. Los nativos gastan horas y horas buscando las pocas pepas que aún quedan.

Acurrucados en las orillas escarban el fondo de los ríos. Usan bateas de madera. En ellas recogen la arena y la hacen girar y girar, revuelta con agua, hasta que sólo quedan en su asiento los brillantes granitos de oro. A este trabajo lo llaman «el mazamorreo».

Se me olvidaba contarte que también conocí *Gorgona* y *Malpelo*; son las dos islas que Colombia posee en ese océano. Gorgona está a doce horas de viaje desde Buenaventura. Los barcos que cargan madera llevan a los pasajeros hasta ella. Durante muchos años fue una isla prisión. Hoy es un parque natural.

Malpelo está aún más lejos, a más de un día de viaje. Allá viven cangrejos gigantescos y gaviotas. Es una inmensa roca sin vegetación. Parece una mole anclada en medio del mar.

Lo que yo más amo del Pacífico son sus habitantes negros. Los descendientes de los esclavos. El negro del Pacífico es hermoso. Sus ojos están cargados de melancolía, como si tuvieran la costumbre de fabricar pensamientos tristes. Conservan su música de chirimías, marimbas y tambores. Sus canciones parecen lamentos. Además les gusta mucho relatar historias y cuentos fantásticos.

Una noche oí a una negra contar que su hijo de 12 años había sido devorado por un tiburón. Cuando estaba dentro del animal, el niño se acordó que llevaba un cuchillo en el bolsillo. Entonces destrozó las entrañas del animal y así logró escapar.

También cuentan, como ciertas, historias de monstruos submarinos que cuidan tesoros en el fondo del mar. Hay hombres, como Taltún, que en las noches imaginan que las estrellas resbalan del cielo, y sueñan con atraparlas en un pañuelo. Por todas esas mágicas historias siempre tengo nostalgia del Pacífico.

Papá Sesé se paró de la banca, me tomó de la mano y regresamos a la casa. En el camino no paré de hacerle más preguntas sobre aquella maravillosa región.

Una interminable llanura habitada por hombres como Mocho Viejo

Un día llegó a mi casa un extraño visitante. Lo primero que me llamó la atención fue su modo de vestir. Usaba cotizas negras, pantalón y camisa del mismo color. Se llamaba Mocho Viejo. Bueno, así le decían a ese gran amigo de mi abuelo. La tarde en que lo conocí pensé que venía de un país lejano. Le oí palabras que jamás había escuchado: morichales, mariscar, caporales. Hablaba también de caminos que aparecían en verano y desaparecían en invierno, y de ríos que inundaban todo en época de lluvias, y luego, en el verano, se podían cruzar a pie.

Poco a poco lo fui ubicando. Mocho Viejo era un llanero y servía de baquiano a Papá Sesé cuando él, junto con sus amigos, se iba de pesca a esa región.

Los baquianos son hombres que conocen de memoria un territorio porque lo han andado a pie o a caballo. Ellos no se desorientan nunca en la inmensidad de la sabana. Se fijan en las matas de monte, en un palo, en un caño, y así van construyendo sus propios senderos.

Aún recuerdo la noche que pasó hablando con mi abuelo tratando de acordar un sitio apropiado para ir de pesca.

Papá Sesé sacó de su baúl unos mapas especiales. Eran muchos y estaban muy bien enrollados. Eligió sólo cuatro: los de Arauca, Meta, Vichada y Casanare. Los extendió en el piso. Los tres nos acomodamos a su lado, de rodillas, para verlos mejor.

El viejo estaba empeñado en viajar por tierra desde Bogotá hasta Puerto Carreño. Pero le tocó desistir. Ya había llegado el invierno al Llano y era imposible cruzar los ríos y los caños que se encuentran a lo largo del trayecto desde Villavicencio.

Discutieron largo rato. Finalmente se decidieron por Agua Clara, en el río Meta. Podían ir hasta muy cerca de ese sitio en carro y luego seguir en canoa.

–Eso sí –aclaró Mocho Viejo–, primero debemos contar con el permiso de los indios guahíbos que viven cerca de Agua Clara.

Cuando dejaron listos todos los detalles del viaje se fueron a dormir. Tres días después partieron.

Papá Sesé regresó feliz. No tuvieron ningún problema. El cacique indígena les dio permiso con la condición de entregar parte de lo que pescaran a la comunidad. Les hizo prometer también que no usarían dinamita, ni atraparían a los peces más pequeños.

Muchas veces, después de la muerte de mi abuelo, he vuelto a entretenerme con los mapas de Arauca, Vichada, Casanare y Meta. Me gusta repasarlos con cuidado. Es como si al mirarlos pudiera revivir sus aventuras con Mocho Viejo.

Además, siempre que los miro me formo una mejor idea de lo que es el Llano: una inmensa sabana casi plana y cubierta de pastos. La cordillera Oriental sólo pasa de lado por el Meta, Casanare y Arauca. Los pequeños montículos que se encuentran esparcidos por la sabana jamás pasan de los pocos metros de altura, excepto la *serranía de la Macarena*, que supera los 2.000 metros. Decía mi abuelo que éste es uno de los sitios más bellos del país.

–Está cruzada por innumerables arroyos y ríos de aguas cristalinas –me contaba–. Allí corretean felices manadas de venados, y revolotean cientos de aves diferentes.

En la Macarena conviven juntos matas y animales de la montaña, el llano y la selva. Por esto científicos de todo el mundo vienen a visitarla con frecuencia.

En el Llano parece que no existieran más que los hatos, que son fincas enormes donde pasta el ganado, y los rancheríos de los indígenas y los colonos. En los mapas de Papá Sesé aparecen infinidad de esos nombres: hato La Paloma, hato La Virgen, ranchería María... Me río mucho cuando me acuerdo que la primera vez que vi esos mapas pensé que los pueblos del Llano se llamaban hato o ranchería.

Ciudades y pueblos hay muy pocos. Aparte de las capitales (Arauca, Villavicencio, Puerto Carreño y Yopal) sólo existen unos cuantos poblados al lado de la cordillera y a lo largo de los ríos más importantes.

Me alegra pensar que toda esa inmensa sabana está habitada por hombres como Mocho Viejo. A él lo recuerdo mucho. Fue mi héroe durante años.

Cada vez que hablaba con él, más lo admiraba y más lo respetaba.

Su vida era increíble. A los doce años ya era capaz de tumbar una vaca o un toro jalándolo de la cola. Esto lo hacía a diario cuando se encargaba de cuidar el ganado, y alguna res se le escapaba. Aquella práctica es hoy un deporte que se llama coleo.

Como la mayoría de los llaneros que no tienen ganado ni tierra, Mocho Viejo desempeñaba muchos oficios. Hasta el de cocinero. Sabía preparar el tungo, una mezcla de arroz con cuajada; y el majule y el machuque, que se hacen con plátano, yuca y queso. Además era experto en ternera a la llanera y pan de arroz.

Casi siempre se empleaba como peón de sabana. Cuando el sol empieza a secarlo todo y la sabana se llena de garzas y corocoras, es la época para realizar este trabajo.

En los hatos y en los fundos se reúnen los hombres capaces de marcar el ganado, herrar las bestias y levantar las cercas de los nuevos potreros.

Mocho Viejo me contaba que los jornaleros salen muy de mañana, cuando aún está oscuro, y después de tomar un espeso café cerrero. El que tiene caballo gana más que aquel que no lo tiene. A veces los peones hacen pactos con los amigos.

–Te doy mi caballo y repartimos el jornal –dicen.

Recuerdo mucho lo que afirmaba Mocho Viejo:

–Si salen tres o cuatro vaqueros detrás de un animal, uno sólo piensa en una cosa: tengo que enlazarlo primero. Uno quiere hacerlo, tal vez para ganarle a los otros, tal vez para sentirse más grande. Ese es el orgullo del llanero.

Al anochecer, cuando la llanura aparece cansada por el paso del sol, los hombres que trabajan como peones regresan a los ranchos. Unos pocos se quedan en el campo para cuidar el ganado de las incursiones nocturnas de los cuatreros.

Aunque a Mocho Viejo le gustaba más montar a caballo que empuñar un azadón, a ratos se dedicaba a la agricultura. En el Llano llaman vegueros a los hombres que cultivan la tierra porque siembran a la orilla de los ríos. El veguero tiene una norma que no puede violar. Siembra en octubre para que las crecientes, al entrar el invierno, no maten la cosecha.

Lo que más me emocionaba de Mocho Viejo era escucharlo hablar de su oficio de vaquero o caporal. Es una labor que se realiza al caer las primeras lluvias del invierno. Los hombres son contratados para arrear las reses hacia las partes altas o a ferias ganaderas. Recuas de centenares de toros y vacas son conducidas por el Llano en travesías que pueden durar meses.

El caporal va adelante. Él se encarga de buscar la comida y el sitio para dormir cada noche.

–Vengo con seis baquianos y quinientas reses –anuncia cuando llega a una posada.

Es un trabajo lleno de peligros y de aventuras. Mil veces le hice repetir a Mocho Viejo la historia de cómo pasaban el ganado por los ríos plagados de caribes, esos peces carnívoros de dientes afilados.

No sé si era por exagerar, pero Mocho Viejo aseguraba que estas pirañas podían devorar una vaca en menos de un suspiro. Él decía que para poder pasar el ganado por esos ríos, mataban un animal y lo lanzaban al agua. Los peces al ver la sangre nadaban tras la res sacrificada. Entonces los vaqueros aprovechaban este despiste para cruzar el río con el ganado.

Un día le pregunté a Mocho Viejo si a veces no se aburría de andar y andar por el Llano, donde todo parece ser igual. Se rio. Entonces me confesó que su peregrinaje de sol a sol por las llanuras lo alegraba con música.

–El buen llanero –me dijo– lleva siempre su margalla, que es una especie de mochila donde carga una hamaca, una manta y un poncho de caucho para protegerse de los aguaceros. Pero colgado a la espalda, lleva siempre su cuatro.

Mocho Viejo tocaba el cuatro, un familiar chiquito de la guitarra. Más que cantar parecía recitar con voz muy grave sus sentidas coplas. Sus letras hablaban del Llano, de la patria, del amor, de la libertad, de la amistad.

Los llaneros no sólo cantan en las noches de «los parrandos», que duran hasta tres días, sino que cantan también al ganado. Tienen canciones especiales para que las vacas se dejen ordeñar y para calmar al ganado en las noches de tormenta. Así evitan la desbandada.

Un día Mocho Viejo me sorprendió aún más. Fue cuando lo escuché contar a mi abuelo la forma como había curado a una persona mordida por una culebra.

¡Mocho Viejo sabía «rezar» a los mordidos por las serpientes para que no se murieran y al ganado para sacarle los gusanos! A los heridos y a las reses les colocaba emplastos hechos con hierbas y les susurraba extrañas oraciones aprendidas de los indios.

Me gusta mucho recordar los relatos de Mocho Viejo. Creo que pronto regresará a cumplir una promesa que me hizo: hace unos años me dijo que cuando yo fuera grande, vendría por mí y me llevaría a andar con él por ese inmenso Llano donde unos pocos árboles dan sombra, y donde ahora están explotando muchos pozos de petróleo.

Un viaje con el mensajero de los habitantes del cielo

De mi abuelo heredé la manía de relacionarlo todo. Hace poco me dio por jugar a comparar nuestras cordilleras. La más larga y ancha es la Oriental. La más alta es la Central; su pico más elevado es el nevado del Huila, que llega a los 5.750 metros de altura. La más bajita, la Occidental. Las tres corren por todo el país de sur a norte, formando la zona andina.

También sé que las montañas son el sitio preferido de los colombianos. De los 28 millones que somos, la gran mayoría vivimos en la zona andina. Sus valles y laderas ofrecen más posibilidades para subsistir. Sus climas son más benignos. Además es la región donde se concentran más industrias, más cultivos, más ciudades, más riquezas y más carreteras.

–Hoy tengo para ti una sorpresa –me dijo cierto día mi abuelo.

Me tapó los ojos con las manos y me entró así, a oscuras, a su cuarto. Nos acercamos a una pared y dejó libres mis ojos. Me encontré frente a frente con un nuevo mapa de Colombia. Era muy especial. ¡Las cordilleras estaban hechas en relieve! Parecían de verdad. Allí se veían muy claramente los valles, los cañones, los picos, las mesetas, los nudos...

Nos sentamos sobre los cojines y nos pusimos a hablar de las montañas... Papá Sesé me contó esa noche muchas cosas.

Cuando era joven tuvo un amigo arriero. Se llamaba Pedro Diosa y tenía una recua de diez mulas y cinco bueyes. Con ellos recorrió medio país transportando carga por los caminos de herradura de las montañas. Mi abuelo lo acompañó algunas veces. De Pasto a Popayán gastaban nueve días, igual que de Neiva a Bogotá. De Bogotá a Tunja la travesía duraba cinco días y de Bogotá a Bucaramanga once días.

En las épocas en que no había carreteras, los hombres andaban a caballo o a pie. Los viejos y las mujeres cruzaban las cordilleras sentados en sillas sobre las espaldas de otros hombres a los que llamaban cargueros.

–Me gustaría ser un *cóndor* –repetía Papá Sesé siempre que hablaba de la región andina–. Como es el ave que vuela más alto, conoce todos los secretos de las montañas. Lo mismo vuela sobre un pico cubierto de nieve que sobre un humeante volcán. El cóndor es un ser privilegiado. Sabe lo que esconden las arrugas de las cordilleras. Con razón los indígenas lo consideran el mensajero de los habitantes del cielo.

Durante muchas noches más hablamos del cóndor. En una de ellas, Papá Sesé me dio una pequeña clase de geografía sobre la región andina.

–EL CÓNDOR es el símbolo de los *Andes*, y los Andes son la cordillera más larga del mundo. Nace en la Tierra del Fuego, en el sur del continente, y recorre más de 8.500 kilómetros antes de morir en Venezuela. Al llegar a Colombia se divide y forma tres trenzas de montañas. Su nombre viene de una palabra quechua, idioma que hablan los indígenas del altiplano andino. Andes quiere decir «metal».

Luego de enseñarme esto, mi abuelo se paró, se acercó al mapa de relieve y señalando las tres cordilleras me dijo:

TODO ESTO lo conoce muy bien el cóndor. Cuando vuela sobre la cordillera Oriental ve el páramo más grande del mundo, el de Sumapaz, o también ciudades tan pobladas como Bogotá y Bucaramanga. Si escoge la cordillera Central, al volar sobre ella de pronto se puede asustar con uno de sus volcanes. Todos los nevados de esta cordillera son viejos volcanes dormidos. Siempre existe el peligro de que uno de ellos despierte y explote. Pero hay unos hombres sabios en los sueños y el despertar de los volcanes. Se llaman «vulcanólogos». Ellos saben cómo evitar las tragedias que pueden producir las montañas de lodo.

La cordillera Oriental es la más poblada y la que tiene tierras más fértiles. La llaman la «cordillera del café» porque casi todo el café que cosecha Colombia se siembra allí.

Si el cóndor se decide a volar sobre la cordillera Occidental, verá los cañaduzales y las chimeneas de los ingenios y de las fábricas al pasar sobre Cali. Más al norte, cruzará sobre el *nudo de Paramillo.* Allí la cordillera se abre en tres ramales, como los dedos de un pato: *la serranía de Abibe, la serranía de San Jerónimo* y *la serranía de Ayapel.*

PAPÁ SESÉ interrumpió su relato y me dijo que continuaríamos al día siguiente.

En la mañana el abuelo se levantó muy temprano y fue a mi cuarto a despertarme.

–Anoche tuve un sueño maravilloso –me dijo mientras me mecía con cariño–. ¡Imagínate, hablé con el cóndor!

Al oírle decir esto me acabé de despertar. Me

senté. Papá Sesé se acomodó a mi lado y comenzó a narrar una historia fantástica:

TODO comenzó durante un viaje al sur de Nariño, en el cañón del río Pasto. Yo estaba sentado mirando el imponente paisaje, cuando de repente vi que un cóndor, de majestuosas alas negras, con manchas blancas en las puntas, se acercaba a mí. ¡Confieso que sentí temor! ¡Era tan grande! Pero como un perrito fiel, él se posó a mi lado. Así lo observé mejor. De verdad, verdad, como dicen los campesinos y los indígenas, parece un cura. Todo emplumado en negro y con un collar blanco alrededor de su cuello, da la impresión de estar vestido con una sotana. Tiene un rostro de anciano: y es que le cuelgan tantas arrugas alrededor de su pico...

De pronto el cóndor empezó a hablar. No sé explicarte cómo era su voz; entre ronca y suave, entre joven y vieja. Trataré de imitarla para repetirte lo que me dijo.

MI ABUELO estaba realmente excitado. Ensayó varios tonos de voz. Escogió uno y empezó a silbar como silban los cóndores. A Papá Sesé le gustaba imitar los animales cuando me relataba sus cuentos y fábulas. Esta vez, para parecerse al cóndor, se escondió dentro de una ruana negra, se anudó un pañuelo blanco en el cuello y movía sus largos brazos como si fueran alas.

SOY EL cóndor, el ave reina de los Andes. Todas las aves me respetan. Pero estoy cansado de huir de los hombres. Muchos creen que soy malo, que causo daño al ganado. Casi nunca cazo un ser vivo. Vivo de comer animales muertos. Sé que piensas que conozco los Andes y todos sus secretos. Tienes razón. He recorrido una a una sus arrugas. Son profundas, así como las mías... ¡Áh!, y te contaré otro secreto. He aprendido muchas cosas porque me gusta escuchar a los hombres sencillos cuando hablan.

Te voy a contar sobre mis amigos, los indígenas. Ellos son los que más me quieren. Yo también los quiero a ellos. Sobre todo porque me respetan y jamás me atacan. Por eso los cóndores construimos casi siempre nuestros dormideros en la tierra de los guambianos y paeces del Cauca, en las montañas que rodean el valle de Sibundoy, en Putumayo. Allí los indígenas inganos se visten como nosotros, con ruanas negras y collares de chaquiras blancas alrededor del cuello. Una vez les escuché decir: «Andamos vestidos al estilo cóndor.»

Al norte de Sibundoy hay un gran volcán. Junto con otros seis volcanes y 50 lagunas, forman un hermoso parque. La región es un pequeño paraíso. La montaña parece entapetada con terciopelo verde. Al volcán lo bautizaron los indígenas con el nombre de Puracé, que en su idioma quiere decir «montaña de fuego».

Allí, nace un río tan, pero tan ácido, que lo llaman Vinagre.

Este parque, que también se llama Puracé, es muy quebrado por lo montañoso. Sé que los colombianos lo estiman mucho porque allí está el macizo colombiano, donde nacen cuatro ríos muy importantes: el *Magdalena,* el *Cauca,* el *Patía* y el *Caquetá.*

¿Ahora quieres que te hable de mi vida? Cuando estaba pequeño me gustaba volar sobre Nariño. Iba siempre acompañado de dos o tres cóndores niños. ¡Era muy divertido jugar allí! La cordillera daba la impresión de estar cubierta de una colcha de retazos. Desde arriba veíamos miles y miles de cuadritos de diferentes colores.

A veces apostábamos a contar cuántos cuadritos tenía cada montaña. Otras jugábamos, desde el aire, algo parecido a la golosa que juegan los niños en las calles. Bueno, ahora que sé que los campesinos de Nariño son muy pobres y que por eso sólo alcanzan a cultivar retacitos de fique, retacitos de papa y cebada, no me parecen tan divertidos aquellos juegos.

Cuando estoy triste y melancólico, porque los cóndores también somos románticos, vuelo sobre la cordillera Occidental hasta encontrar, en Antioquia, una montaña repleta de orquídeas. Es un parque natural, donde en medio del jardín de orquídeas he visto corretear al oso de anteojos. ¡Pobre, yo sé cómo lo persigue el hombre con sus escopetas!

Cuando me siento así, romántico, el ruido del agua que cae me hace mucho bien. Entonces cierro mis ojos para escuchar las cascadas. Tengo mis caídas de agua preferidas: la cascada del río Sequetá, en Norte de Santander; el salto de Candelas, en la cordillera Oriental, cerca de Sogamoso; y el salto de Tequendama, no lejos de Bogotá.

Un abuelo de mi abuelo, un cóndor real que medía más de tres metros de la punta de un ala a la otra, había volado a lo largo de todos los Andes. Desde la Patagonia hasta Venezuela. De eso hace centenares de años. Él contaba que entonces no existían ciudades en las montañas. Sólo había un pueblo sagrado en el Perú: *Machu Picchu*. Era una aldea de piedra construida por los *incas*.

Yo recuerdo que en Colombia hasta hace 40 años no había más que pueblos y ciudades pequeñas en la región andina. Pero después del año 1950 allá abajo, entre las cordilleras, algunos puntos comenzaron a agrandarse. En aquellos tiempos yo los veía como puntos rojos. Era por el color de las tejas de barro de los techos. Luego los puntos se volvieron grises y ahumados por los edificios y las fábricas. Las que más crecieron son las que ahora reúnen más habitantes: Bogotá, Medellín, Cali, Bucaramanga, Cúcuta, Manizales, Pereira, Armenia, Ibagué, Tunja, Neiva, Palmira.

Volar sobre la nieve me llena de paz. No sé cual de los nevados que conozco me gusta más. El *Quindío,* el *Tolima,* el *Santa Isabel* y el *Ruiz* están juntos. Por eso llaman a esta zona el *parque de los nevados.* Allí crecen las gigantescas palmas de cera. Muy cerca, hacia el sur, se halla el nevado del Huila. ¡Es tan hermoso ver la cumbre cubierta de nieve! ¡Hace tanto frío allá arriba que las gotas de agua en vez de volverse lluvia se convierten en nieve!

También jugábamos sobre la *sierra nevada del Cocuy.* Volábamos bien alto y luego bajábamos en picada sobre cada una de las crestas de nieve. Son 22 en total. Otras veces nos mirábamos en sus bellas lagunas. Las hay de muchos colores: azules, verdes, plateadas... He contado más de 40. Me agrada ver los caminos que los hombres han trazado por esta montaña. Cerca de allí, en el *páramo de Pisba,* por uno de estos caminos, subieron los llaneros con el ejército libertador a pelear contra las tropas españolas en los campos de Boyacá.

Algunos días prefiero seguir el camino de los ríos. Si elijo el Magdalena, busco en el macizo la pequeña laguna del mismo nombre y empiezo el vuelo. Al comienzo veo los valles fértiles y cultivados del Huila y el Tolima. Luego, más allá de La Dorada, el paisaje cambia. Abunda la selva malsana y pantanosa.

En este recorrido existe un sitio que me gusta mucho. Es Cantagallo, una ciénaga que queda muy cerca de Barrancabermeja, ese centro petrolero lleno de pozos, chimeneas y tanques enormes. Bien, en Cantagallo tengo dos amigas secretas. Se llaman Taba y Florentina. Son pescadoras. Ellas no me conocen, ni siquiera me imaginan... Pero yo las saludo en secreto desde el aire. Cuando las veo me detengo y doy vueltas entre las nubes sólo para mirarlas. Me encanta ver cómo reman en sus canoas y lanzan sus atarrayas para atrapar los peces de la ciénaga. Nunca me he atrevido a bajar por el pescado que a veces dejan en las orillas. ¡Temo asustarlas!

También me gusta volar sobre el río Patía. Es un río obstinado. Nace en la cordillera Central, en medio de apretadas montañas. Alguien le debió hablar del mar, y sólo por conocerlo se atrevió a romper la cordillera Occidental. Así se labró su propio camino hacia el océano: el imponente *cañón del Patía.*

Cuando tengo ganas de realizar largas travesías, sobrevuelo la cordillera Oriental. ¡Es tan larga! Mide 1.200 kilómetros. Paso por los trigales de los valles de Bogotá, de Ubaté y Chiquinquirá, y por los páramos de Sumapaz y de Pisba. Me llaman mucho la atención los campesinos boyacenses con sus ruanas y sus sombreros, y las largas trenzas de sus mujeres. Mi viaje termina muy al norte, en la serranía de los Motilones. Allí, en medio de la jungla, en pueblitos hechos de cemento y tejas de zinc, viven unos indígenas que hace años fueron grandes guerreros.

Pero no todos los días del año puedo volar. En aquellos días lluviosos, cuando el cielo está tan lleno de nubes que no hay vientos que me ayuden a elevarme, me quedo en mi cueva, al lado de los paeces y los inganos.

Bueno, ya me marcho. Pero antes te contaré otro secreto. ¿Sabes por qué tengo mis alas manchadas de blanco en las puntas?

Ocurrió hace muchos años... Uno de mis antepasados llevó a un niño de viaje sobre su lomo. Quería mostrarle cómo es el mundo desde arriba. Pero voló tan alto, que llegó junto al sol, y el sol quemó las puntas de sus alas.

MI ABUELO terminó su relato y agitó las alas de su ruana y se alejó como si flotara en el aire. Jamás le había visto una cara de tanta felicidad y placidez... Luego regresó, me dio un beso en la frente y me dijo con cariño:

–Es hora de ir a la escuela.

Recuerdo que aquel día puse muy poca atención en clase. ¡Me la pasé volando todo el día con el cóndor!

El mágico embrujo de la selva

–La selva embruja. Uno va una vez, se enmanigua, y tiene que regresar –le escuché decir en muchas ocasiones a Papá Sesé.

El viejo conocía el *Amazonas*, el *Guainía*, el *Vaupés*, el *Guaviare*, el *Putumayo* y el *Caquetá*. Él alcanzó a escuchar las historias de los hombres que se internaban en la manigua en busca de caucho. A pesar de los relatos de horror nunca sintió temor por la selva. No lo atemorizaban ni las serpientes venenosas, ni los jaguares, ni las hormigas carnívoras, ni los peligrosos rápidos de los ríos. Sólo después de muchos viajes sintió un poco de miedo. Fue cuando voló por primera vez sobre ella en avión. ¡Lo impactó descubrir su impenetrable inmensidad!

–Imagínate una carpa verde sobre la que uno vuela horas y horas –me dijo el abuelo–. Parece como si todos los árboles del mundo se hubieran puesto cita en un mismo lugar. Sus ramas crecen tan pegadas las unas de las otras, que no se sabe dónde empieza la copa de un árbol y dónde termina la del otro. Es como si millones de árboles hubieran tejido una enorme red para no dejar pasar los rayos del sol.

–Esta deslumbrante visión –agregó mi abuelo– sólo la rompen los ríos. Son como inmensas culebras de barro que se retuercen formando largos caminos. Muy de vez en cuando, y casi siempre al lado de los ríos, se ven unos claros entre el bosque. Da la sensación de que se hubiera cortado con tijeras un retazo de colcha verde. Allí los colonos y los indígenas han robado un trozo de espacio a los árboles para instalar sus viviendas.

Debe ser por su aire de misterio que a mí me gusta tanto la selva. Hace poco encontré un libro en el baúl. Se llama *Amazonia colombiana.* Es de Camilo Domínguez, un geógrafo parecido a mi abuelo. Para escribirlo él recorrió palmo a palmo la selva durante quince años.

Como heredé del viejo la manía de hacer anotaciones en mi libreta, copié textualmente esta frase de ese libro:

> *Conocer la Amazonia significa sufrir los zancudos del Putumayo; las garrapatas del Yarí; las niguas del río Negro; gozar del salto Gloria, en el río Inírida; de una meseta de orquídeas en el Apaporis o una charla con los ancianos miunane en el Cahuinari.*

También tomé algunas notas sobre otras cosas del libro que me llamaron la atención: La selva existe por las altas temperaturas y porque llueve mucho todo el año. La selva amazónica es la más grande del mundo. Cubre grandes territorios de cinco países suramericanos: Brasil, Venezuela, Perú, Ecuador y Colombia. No toda la selva es tan tupida. Existen partes donde los árboles no crecen tan altos, ni tan pegados

Esta es una escuela indigena, alli los niños de muchas tribus apreuden a ker y a escribir en su lengua y en español.

los unos a los otros. Hay selvas bajas, hay matorrales. Todo depende de la cantidad de lluvia. Donde llueve más, la vegetación es más cerrada, más exuberante. Donde hay por lo menos un mes totalmente seco, los árboles son más pequeños y separados.

También me gustó del libro el capítulo que cuenta la cantidad de lenguas que se hablan en la selva. Parece una torre de Babel: allí los grupos indígenas hablan 57 dialectos diferentes.

Es increíble. Hasta pueblos vecinos emplean un idioma distinto. Por eso un mismo animal se llama en cada lugar de distinta manera. Por ejemplo, el cerdo de monte en el Guaviare se llama baquiro, en el Vaupés taiasú, en el Caquetá latabro o manao, en el Putumayo huanagana, en la frontera con Brasil quiechada, y en el río Negro también taiasú.

Cuando me pica la curiosidad por saber más de esa lejana y misteriosa región, me encierro en mi cuarto y saco del baúl un tesoro: unas fotografías que heredé de Papá Sesé. Cada foto tiene una leyenda escrita por detrás. Yo no me canso de mirarlas y releer los garabatos de mi abuelo.

Adivina, adivinador, ¿qué región de Colombia lo tiene todo?

No olvidaré la noche en que encontré a Papá Sesé concentrado trabajando sobre su mesa. Pensé que trataba de armar algo parecido a un rompecabezas. Estaba tan ensimismado que no hizo caso de mi presencia.

Sobre la mesa tenía un croquis de Colombia pintado en una cartulina. Al lado unas piezas. Eran como pedacitos de paisaje: unos árboles, otros como montañas de nieve, otros con valles de arena... Traté de armar mentalmente aquel rompecabezas, pero no le encontré ninguna forma. Las fichas no encajaban unas con otras. Permanecí un rato en silencio pensando qué estaría tramando mi abuelo.

–Siéntate –me dijo finalmente, como aceptando por fin mi presencia–. ¿Adivina, adivinador –añadió–, qué región de Colombia tiene un poquito de selva, un poquito de montaña, otro de páramo, de nevado, de pantano, de desierto, de costas, ciénagas y sabanas? ¿Cuál es?

La adivinanza del viejo me tomó por sorpresa. Por eso me demoré unos minutos para responder.

–La Amazonia no es –contesté–. El Pacífico tampoco, porque allí no hay páramos ni nevados. La zona andina tiene páramos, nevados, selvas... ¿y desiertos? ¿Desiertos? –me quedé pensativo.

–Te voy a ayudar –me dijo mi abuelo–. No es la zona andina, aunque allí hay varios desiertos: recuerda que algún día te hable del desierto de la Tatacoa, que queda en el Huila, y de otro desierto cercano a Villa de Leiva, en Boyacá. Pero fíjate que no es la región andina porque allí no hay costas. Tampoco la Orinoquia, pues únicamente es una inmensa sabana. Entonces, la zona que tiene de todo es... ¿es?

–¡El Caribe! –grité feliz, aunque sabía que había adivinado con trampa. Era la única región que quedaba por citar.

–Bueno –exclamó Papa Sesé, dándome una palmadita en la espalda–. Tengo todo preparado para que juguemos a armar el rompecabezas del Caribe.

–Aquí tengo retazos de paisajes de toda Colombia

–agregó mostrándome las piezas de cartulina–. Ahora, coloquémoslas en este croquis. Bien al norte pongamos un desierto: La Guajira. Sueña por un momento con un lugar donde hace mucho calor y no se puede ir a un río o a un arroyo a recoger el agua o a refrescarse. En la alta Guajira no corren ríos ni quebradas permanentes. Y cuando llueve, el agua no alcanza siquiera a empapar toda la tierra. Por eso los guajiros aprenden a desenterrar las aguas subterráneas. Una planta distinta a las que comúnmente crecen en el desierto, o un poco de humedad en la arena son las señales que les indican que debajo hay agua. Por la escasez de agua los guajiros no son agricultores sino pastores de cabras y ovejas. Además, su tierra es rica en minerales: yeso, sal, gas, carbón.

En el croquis, sobre la costa de La Guajira, Papá Sesé escribió un nombre: *Manaure.* Al lado dibujó una mujer vestida con una larga manta, que empujaba una carretilla repleta de sal.

–Desde hace muchos, pero muchos años –relató mi abuelo–, los indígenas guajiros han explotado la sal del mar. En la época de cosecha, enero y agosto, llegaban a Manaure miles de indígenas para trabajar en las charcas, en las que almacenaban el agua salada. Hoy van muy pocos. Ellos dicen que unos «arijunas», así llaman a los que no son de su raza, los empezaron a engañar hasta que les quitaron su sal.

Retomando el mapa, mi abuelo escribió otro nombre: *Bahía Portete.*

–Hoy atracan allí grandes buques. Enormes grúas los cargan de carbón extraído de una de las minas más grandes del mundo: El Cerrejón.

–Bueno, ya tenemos desierto. ¿Qué colocamos ahora? –preguntó el viejo.

Me quedé pensativo. Miré el mapa en relieve y dije:

–¡La montaña!

–Muy bien, muy bien –comentó mi abuelo–. Entonces pongamos primero las montañas pequeñitas.

Tomó varias piezas con forma de montaña y las colocó en La Guajira.

–Son pequeñitas –dijo–. Creo que no llegan a los 1.000 metros de altura. Tienen nombres indígenas: Macuira, Jarará, Parash, Cosinas...

–Ahora viene la sorpresa, ¡prepárate! –dijo con una inmensa sonrisa–. ¿Sabes que en Colombia está la montaña más alta del mundo cercana al mar? No lo sabías, ¿verdad? Pues así es. La montaña cercana al mar más alta del mundo... es... ¡la Sierra Nevada de Santa Marta! Es una montaña completa. Tiene todos los paisajes, todos los climas. Surge casi del lecho del mar, en medio del calor, la humedad y la selva. Termina cubierta de nieve en los picos más alto del país: el Simón Bolívar y el Cristóbal Colón que miden 5.765 y 5.770 metros de altura.

–La sierra es una maravilla –prosiguió mi abuelo–. Cuando llegaron los españoles la encontraron llena de poblados, unidos por senderos de piedra. Allí vivían los tayronas. Los de «arriba» cultivaban la tierra, los de «abajo» se dedicaban a sacar los deliciosos frutos del mar. Luego cambiaban maíz por peces, o sal por algodón. En esta «montaña mágica» habitan todavía los indígenas koguis, los arhuacos y los ijka. Los koguis construyen pueblos de casas redondas y los arhuacos, de casas cuadradas. Pero unos y otros levantan en medio de sus caseríos una casa mucho más grande. Es la casa de María, su templo.

–Dicen que Nabusimake –continuó el viejo– la capital de los arhuacos, a la que los capuchinos bautizaron con el nombre de San Sebastián de Rábago, es uno de los pueblos más bellos de Colombia.

–Ahora continuemos. Ya tenemos desierto, montaña... ¿Te parece que coloquemos ahora la selva?

Asentí con un movimiento de cabeza. Estaba fascinado con el juego.

–Bueno, ya colocamos un retazo de ella en la Sierra Nevada. Ahora, ubiquemos otro pedazo de selva aquí –dijo, y señalo la costa colombiana cerca de Panamá. En esa entrada profunda que forma allí el mar, colocó un nombre: golfo de Urabá.

–Éste es el golfo más grande de Colombia. Sus aguas son oscuras y traicioneras. Por eso los marineros temen navegar en él. Una orilla del golfo pertenece al Chocó y la otra a Antioquia. Es una región de colonos y de grandes cultivos de banano. Frente a sus costas fondean barcos que vienen a llevarse el banano a países tan apartados como Arabia, Japón, Kuwait, Etiopía, Líbano, Túnez, Holanda y Suecia.

–Pero hay otros paisajes en el Caribe –anunció mi abuelo–. Al sur de los departamentos de Bolívar, Magdalena y Sucre existe una zona muy caliente, húmeda y pantanosa. Se inunda siempre que llega el invierno. Cruzan tantos ríos y caños por allí, y hay tantas ciénagas, que parece que en aquel lugar existieran sólo islas.

–La ciudad más importante de esta región es *Magangué.* En este puerto sobre el Magdalena se comercian el arroz y el ganado de las llanuras; las hamacas de Morroa, que son tan anchas que les cabe una familia entera; y unos tabacos tan largos que los campesinos los usan para medir las jornadas de los caminos.

–Cerca de Magangué –prosiguió– se halla uno de los pueblos más bellos de Colombia: Mompós. Sus casas son grandes y blancas y de patios llenos de

flores. Era una ciudad de laboriosos artesanos. Todavía se encuentran en sus talleres hombres llenos de paciencia que tejen a mano el oro.

–Bien, bien –dijo Papá Sesé haciendo una pausa en su relato–. Todavía nos faltan las sabanas. En ellas hay inmensas fincas ganaderas y algodoneras y ciudades como Montería, Sincelejo, Valledupar. En agosto, época de recolección del algodón, llegan a esas llanuras hombres y mujeres de toda Colombia. Se colocan en la cabeza un trapo blanco para protegerse del sol, se tercian un talego en la cintura y se internan en los cultivos para atrapar los copos blancos del algodón. A estos hombre se les llama andariegos. Son miles de miles. Ellos van por el país de cosecha en cosecha. En agosto recogen el algodón de la costa, en mayo y octubre el café del viejo Caldas, y el arroz y el sorgo del Tolima en junio y noviembre.

–¿Y Cartagena, abuelo? –le pregunté extrañado de que se hubiera olvidado de un lugar tan bello.

–Está bien, ahora coloquemos las grandes ciudades. Primero Barranquilla, el puerto más importante de nuestro Caribe y un alegre centro industrial. Sus hijos la llaman cariñosamente «La Arenosa» y «Curramba la bella». Por sus muelles entró el progreso. En sus cielos voló por primera vez un avión en Colombia.

El viejo colocó el nombre en el mapa y pintó unas chimeneas cerca.

–Santa Marta es la ciudad del país donde menos llueve. Sobre sus calles casi siempre sopla una fresca brisa. Sus playas son preciosas, de arenas blancas y doradas, entre bosques salvajes. Pero hay que tener

cuidado con las corrientes y las olas que son muy fuertes en verano. Y ahora, para que no te inquietes, ubiquemos a Cartagena, con sus playas y su ciudad amurallada. Es el sitio de Colombia más visitado por los turistas. En su bahía se libraron encarnizadas batallas entre los españoles y los piratas ingleses.

Yo quería dar por terminado el juego e intenté pararme. Estaba contento, pero un poco cansado.

–Espera –me dijo Papá Sesé tomándome del brazo–. Deja tu impaciencia, sólo nos faltan unos huequitos...

Efectivamente, había unos claros en el croquis. Entonces el viejo pintó, cerca de Santa Marta, algo semejante a una gran laguna.

–Ésta es la Ciénaga Grande de Santa Marta –me explicó. Dentro de la laguna pintó una casita con patas–. Allí hay pueblos que crecen en el agua –siguió contándome–. Las casas están montadas en zancos para evitar las inundaciones. Las calles son de agua y para ir de un lugar a otro no hay que caminar sino montarse en canoas y remar. Los niños aprenden desde los dos años a manejar sus pequeñas embarcaciones. Nadar es muy importante para ellos. Como no tienen potreros para jugar fútbol, sus canchas son las playas de la ciénaga. Allí se inventan muchos juegos...

Mi abuelo calló durante unos minutos. Estaba como pensativo.

–Olvidaba algo –dijo cortando su silencio–. Cerca de Cartagena hay varios pueblitos. Ovejas, Zambrano, Carmen de Bolívar. Sus habitantes tienen un solo oficio: cultivar tabaco negro para grandes compañías que exportan después estas hojas. Ahora no nos falta sino colocar un solo detalle: las islas. Sobre el Caribe tenemos 1.600 kilómetros de costa y varias islas: el archipiélago de San Andrés y Providencia, las islas del Rosario y San Bernardo, Fuerte y Tortuguilla.

Mi abuelo escribió todos estos nombres. Miré el mapa. Ahora sí estaba terminado. Dentro del croquis aparecían ahora *La Guajira, Bolívar, Magdalena, Atlántico, Córdoba, Sucre* y *Cesar*. Creo que éste es uno de los más bellos dibujos que hizo Papá Sesé. Yo lo conservo como el más preciado de los recuerdos.

El fin de las historias de Papá Sesé

Muchas veces he vuelto a esculcar el baúl que heredé de mi abuelo. He leído y releído sus notas, sus apuntes, sus libros. He mirado y repasado los mapas y sus fotografías sin cansarme jamás.

Sí, ahora tengo la certeza de que Papá Sesé tenía una idea muy linda: armar con todos sus recuerdos, con todos sus apuntes, una geografía. Pero una geografía distinta.

Una geografía escrita como un cuento para que los niños quieran mucho a Colombia. Los niños como el que yo fui cuando mi abuelo me llamaba «mi pequeño».